TAN *Grande* COMO *La Vida*

ADULTO COLOREAR ELEFANTE
EDICIÓN DEL LIBRO

Coloring Bandit

Publicado por Speedy Publishing Canada Limited

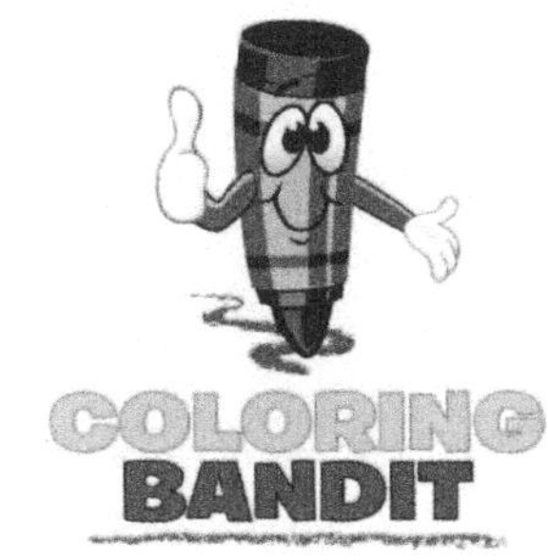

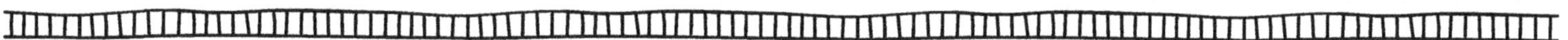

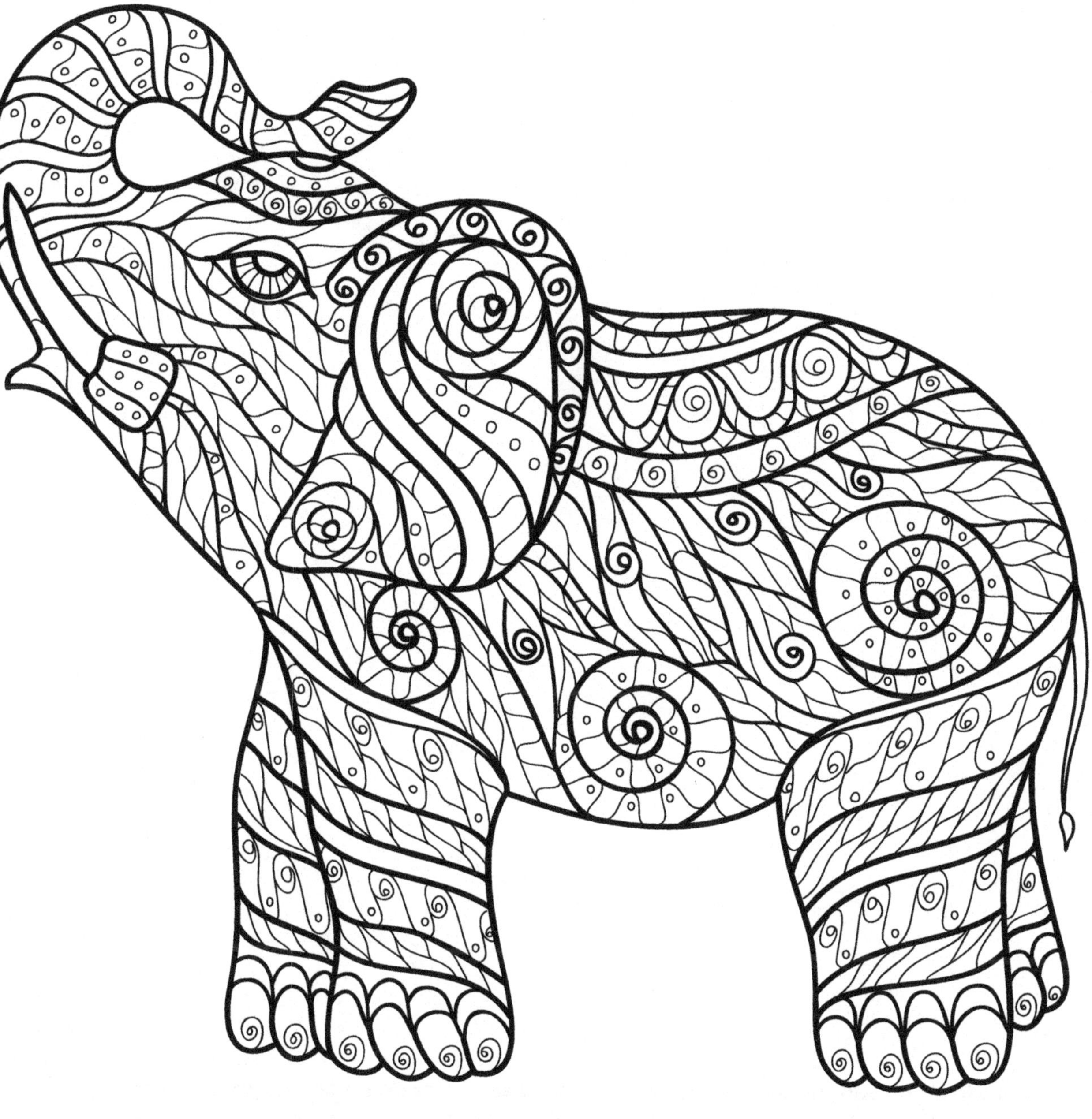

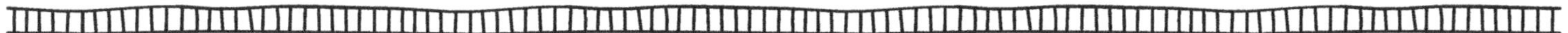

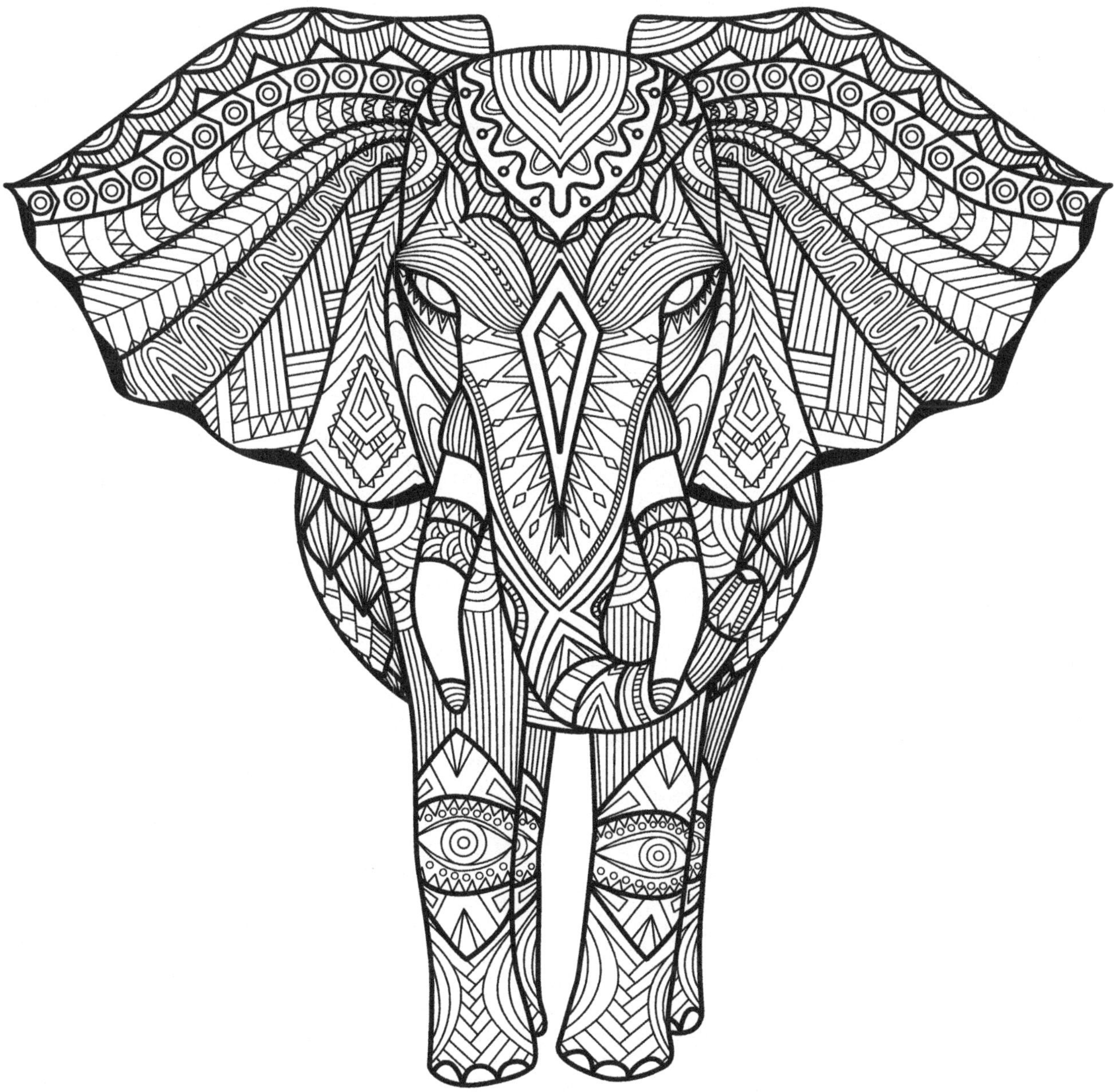

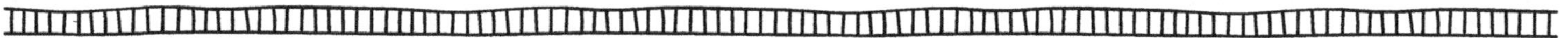

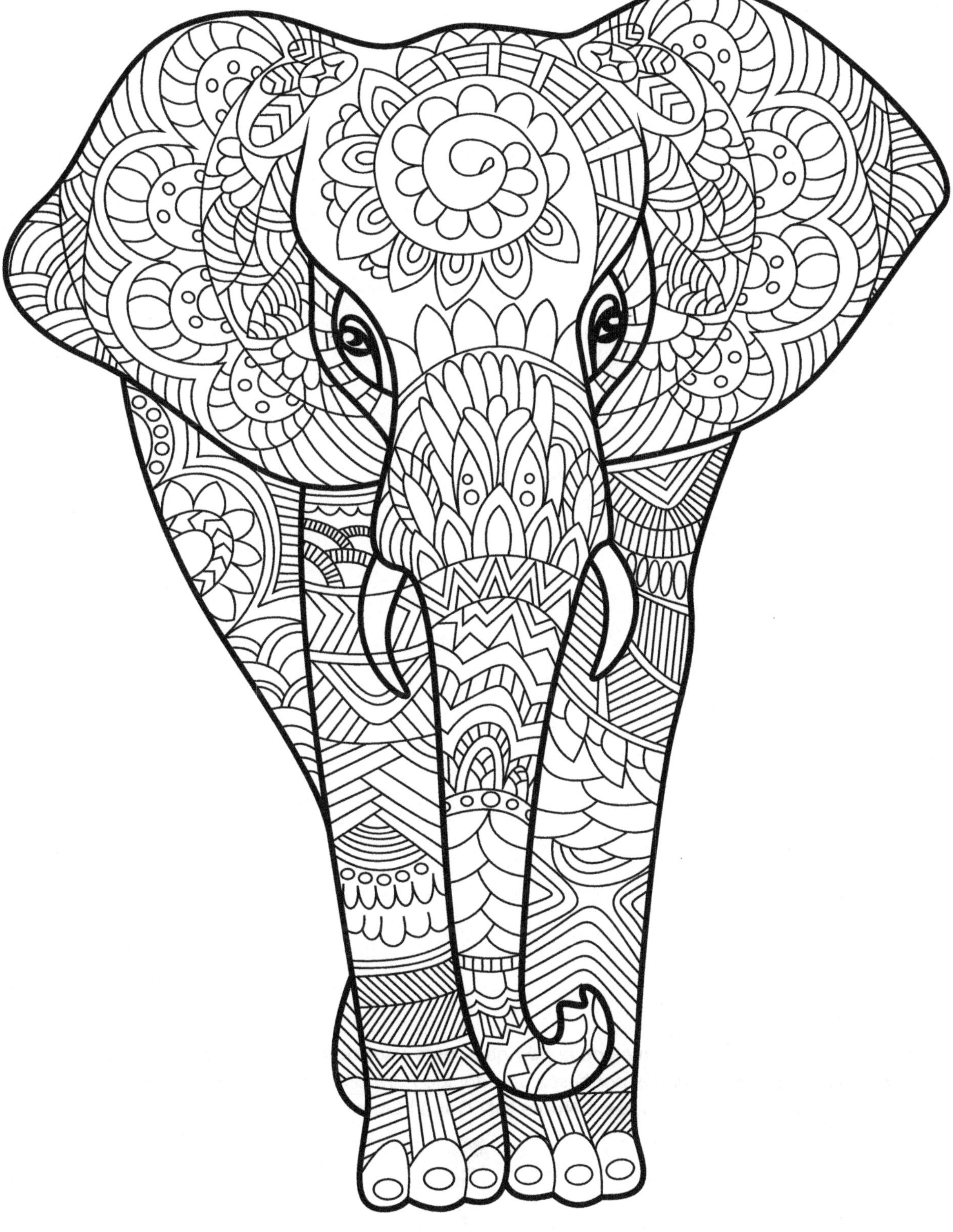

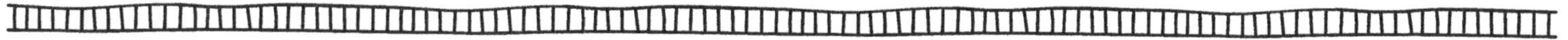

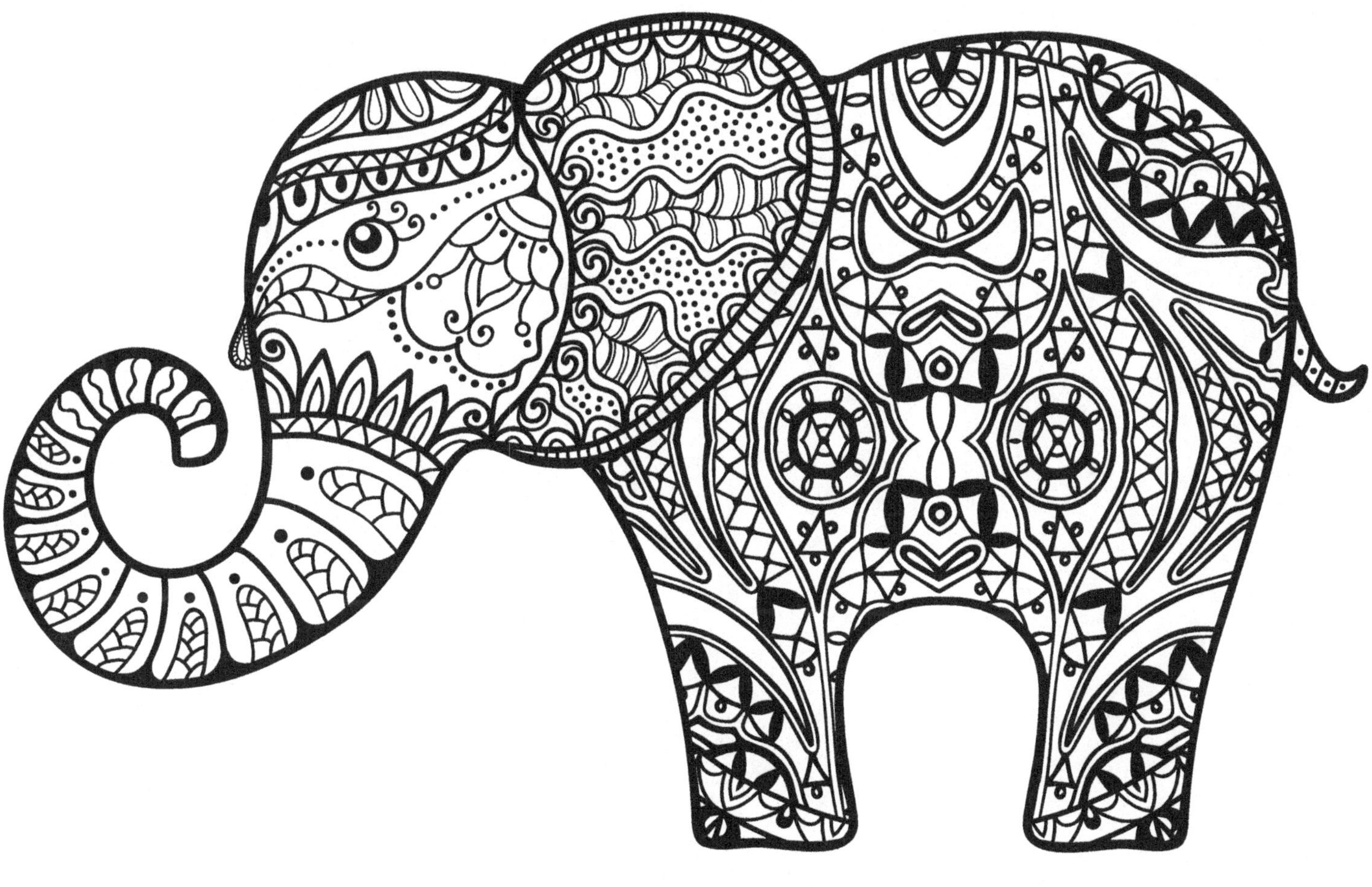

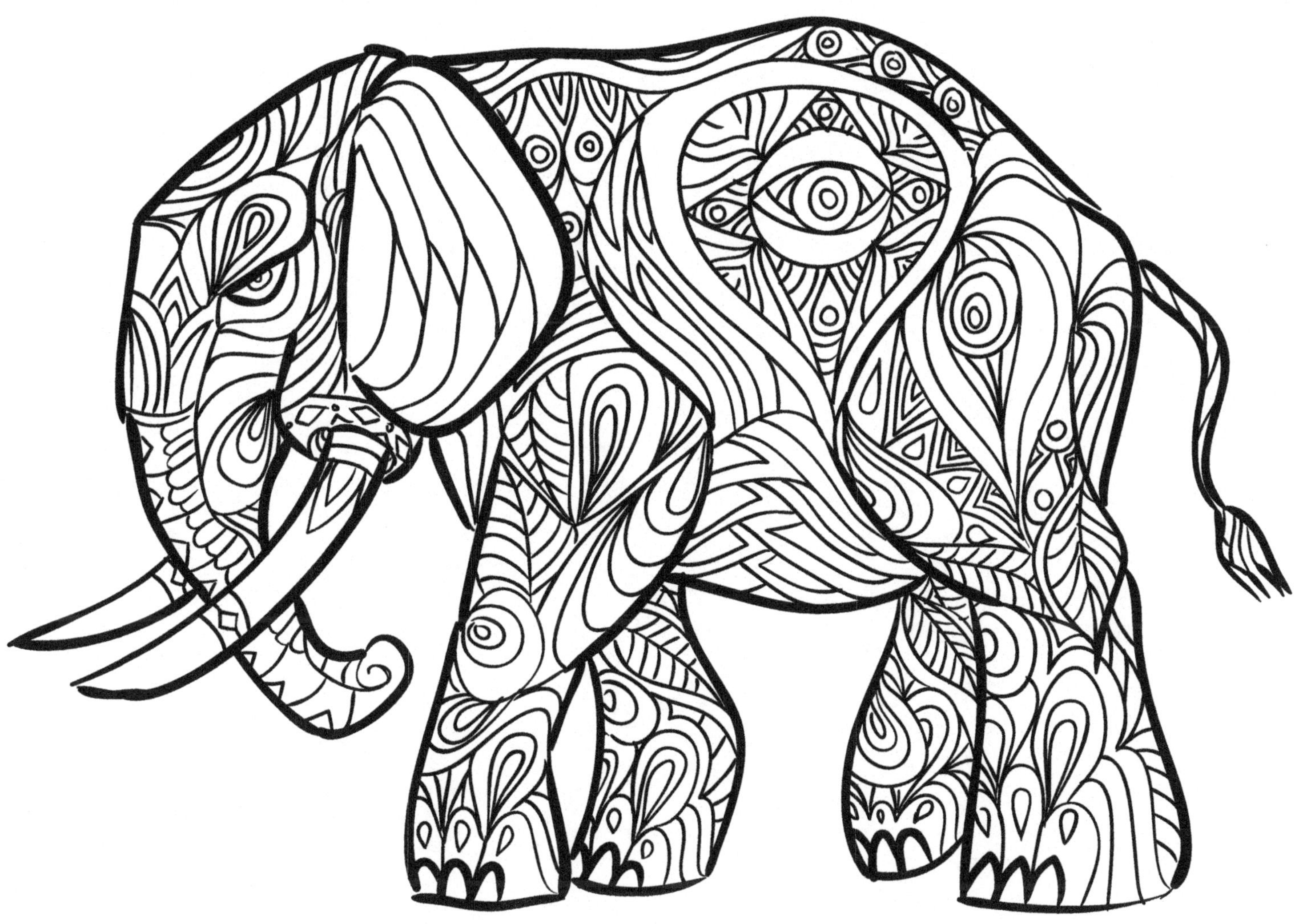

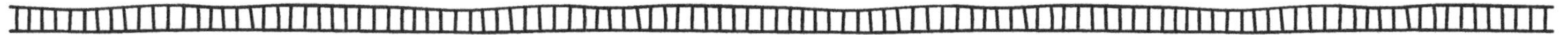

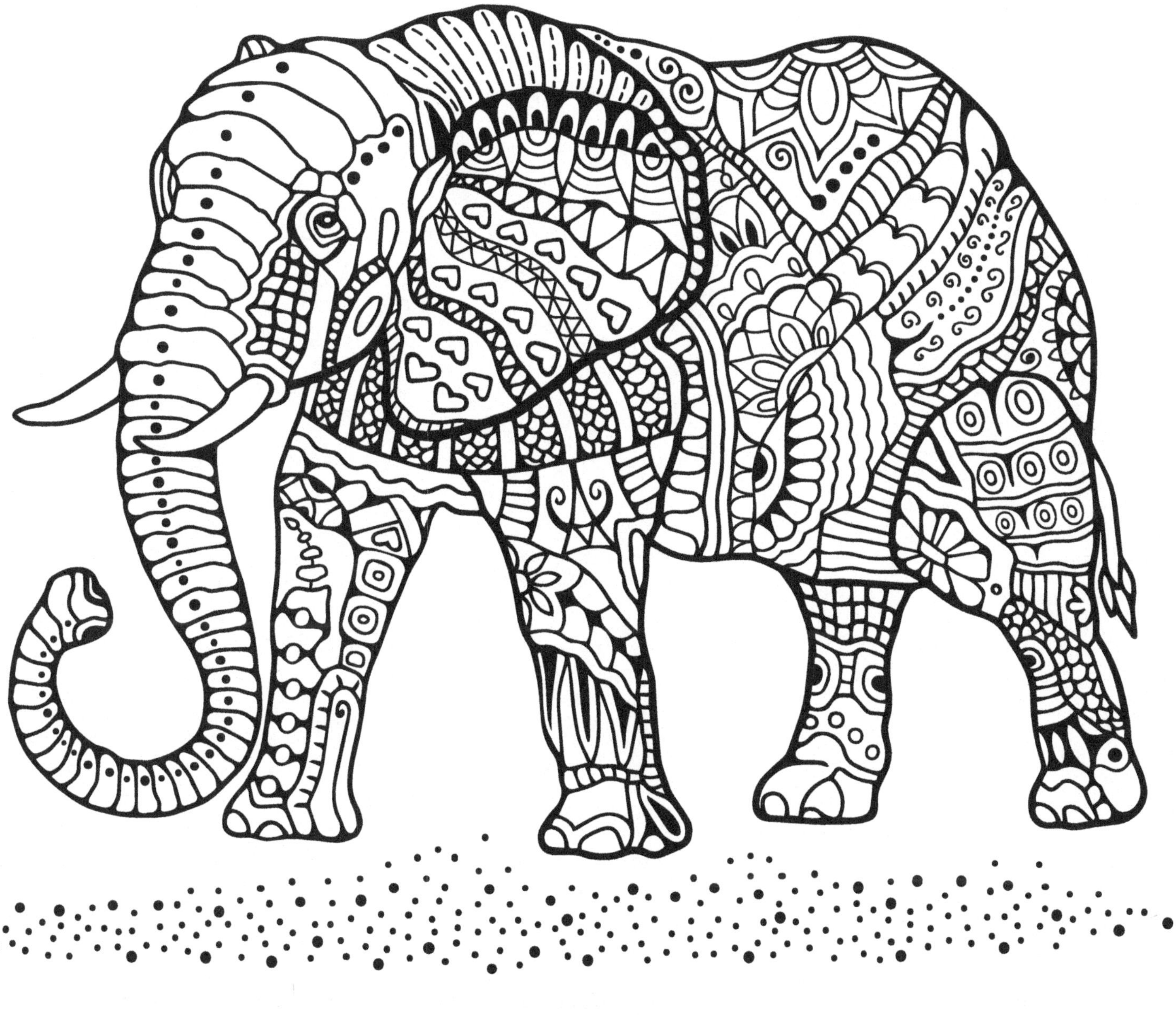

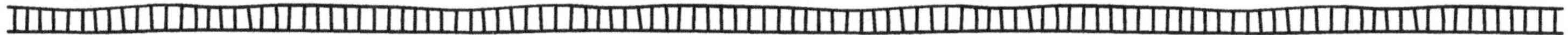

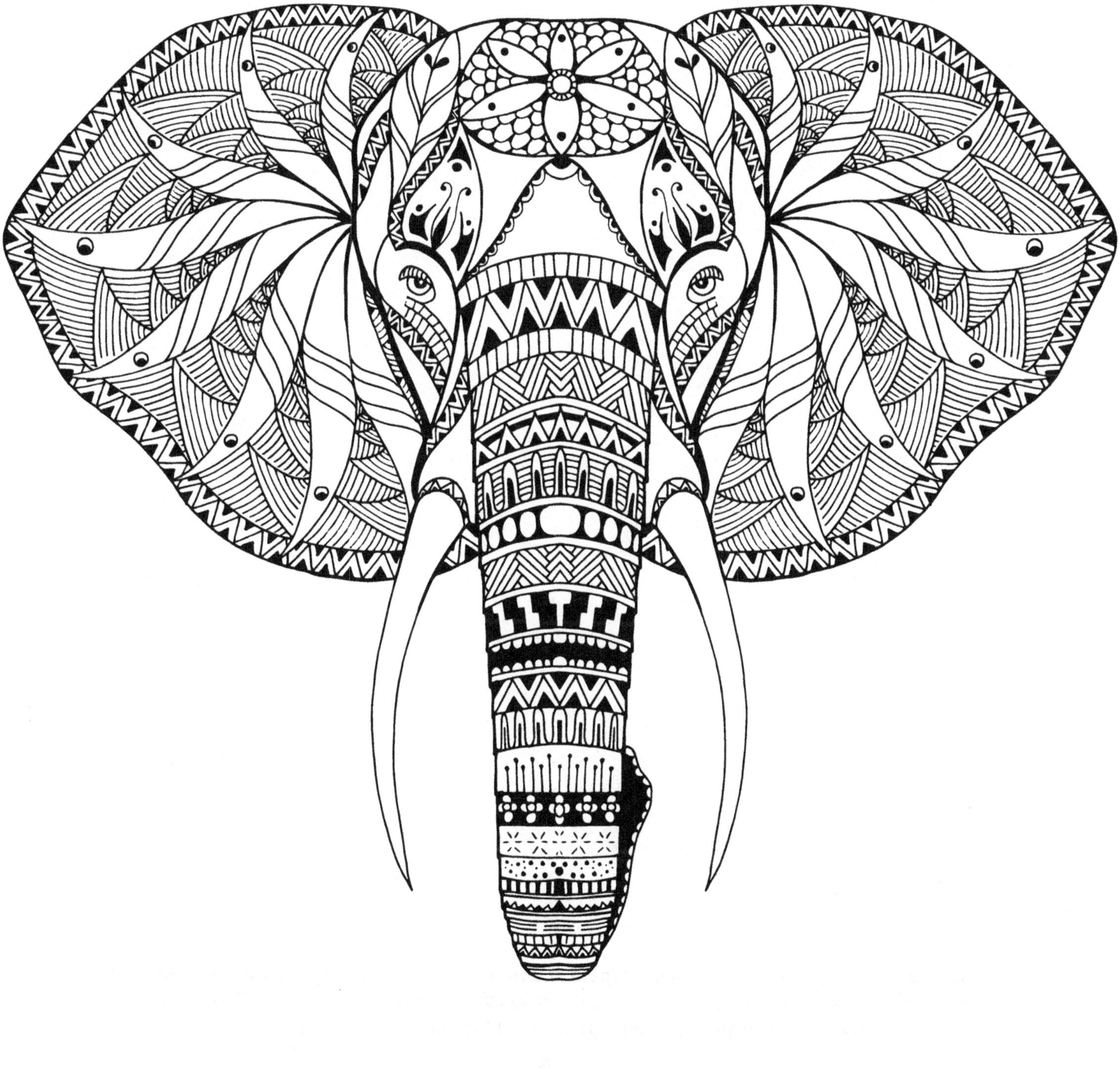

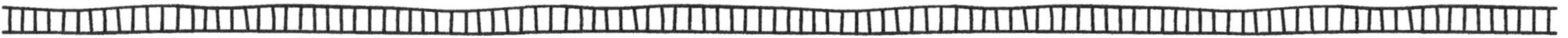

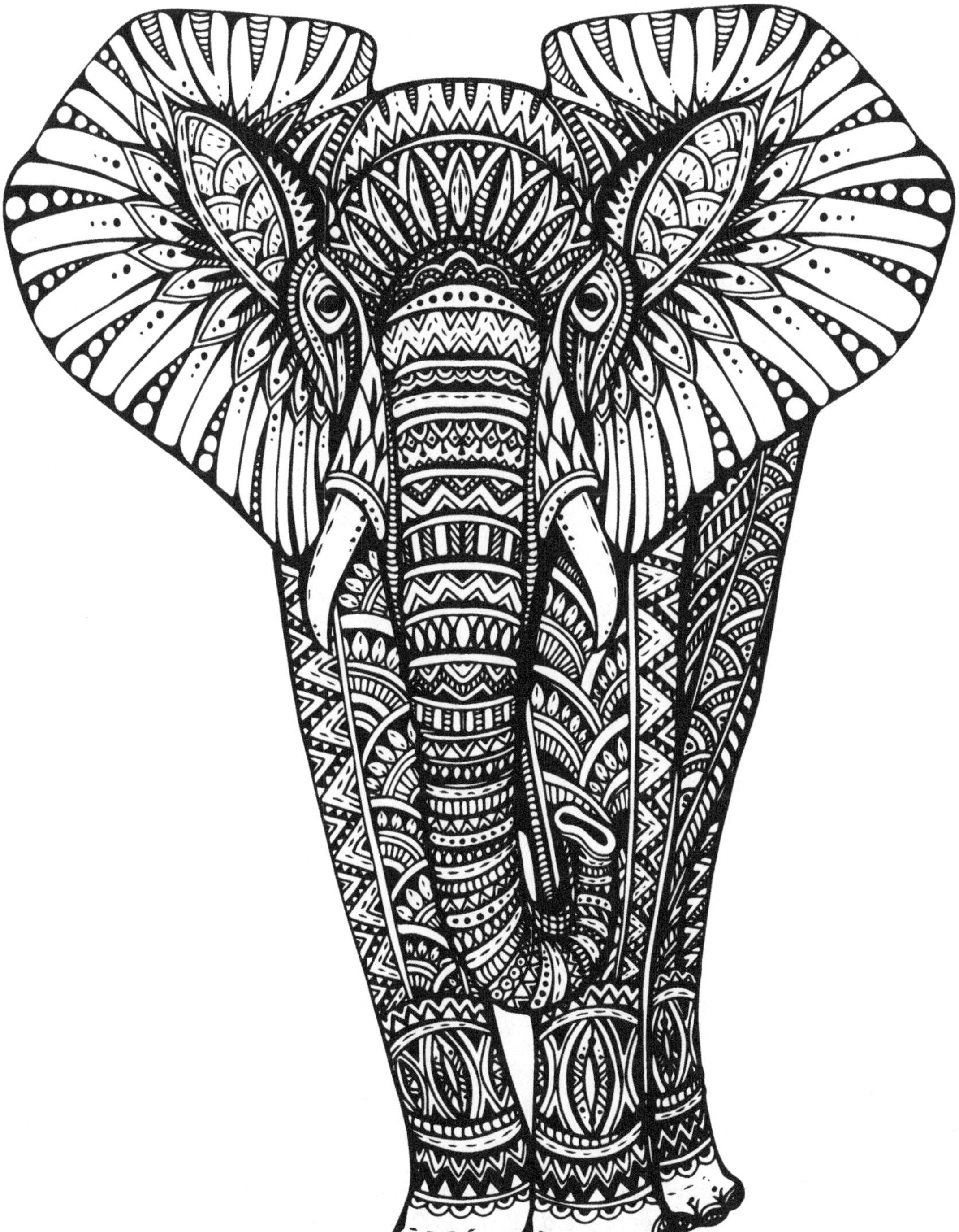

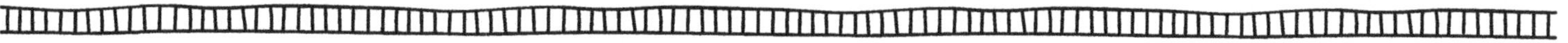

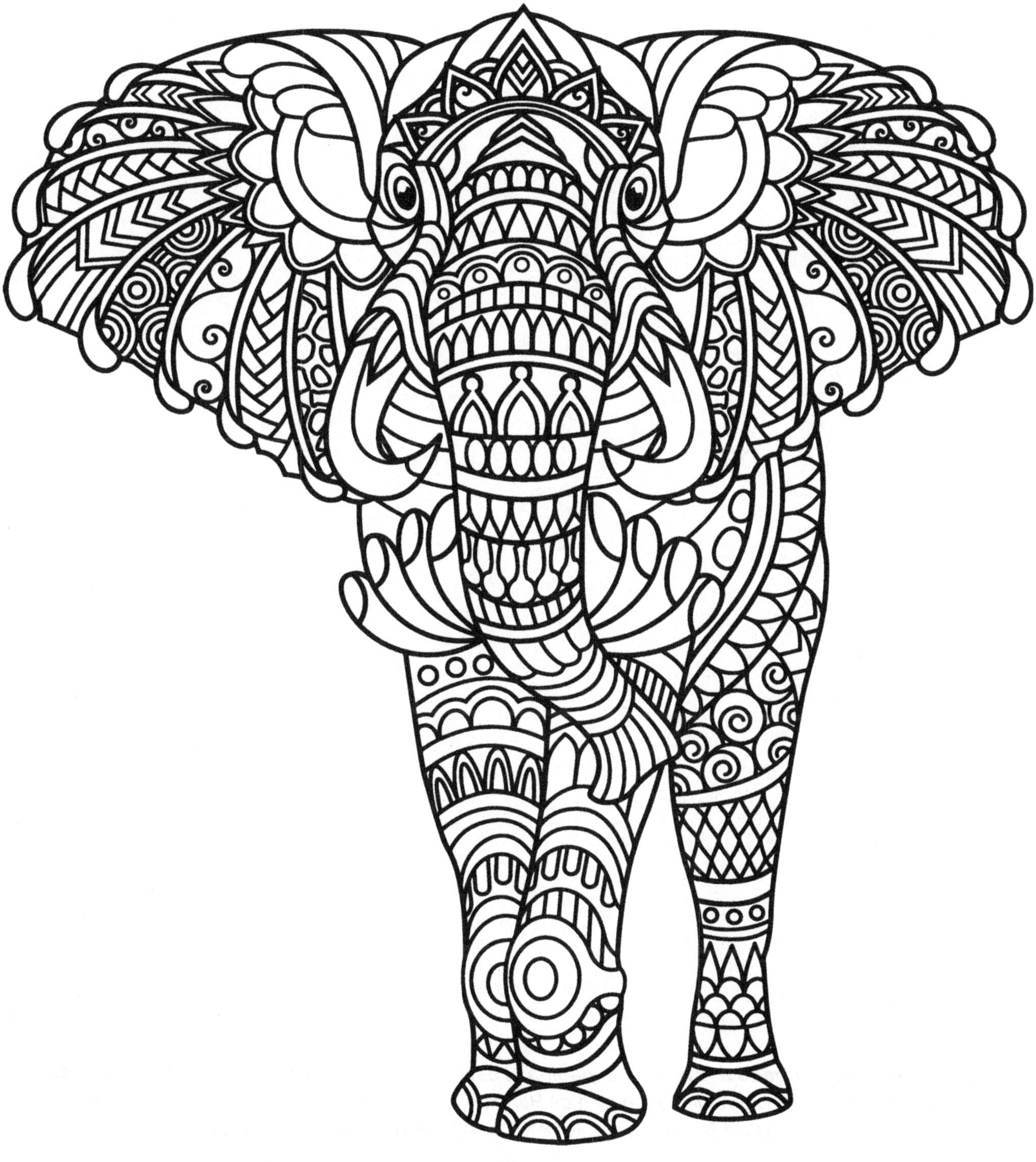

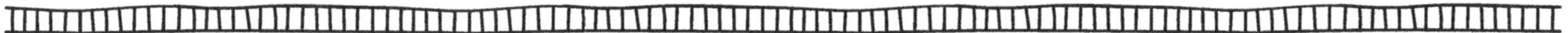

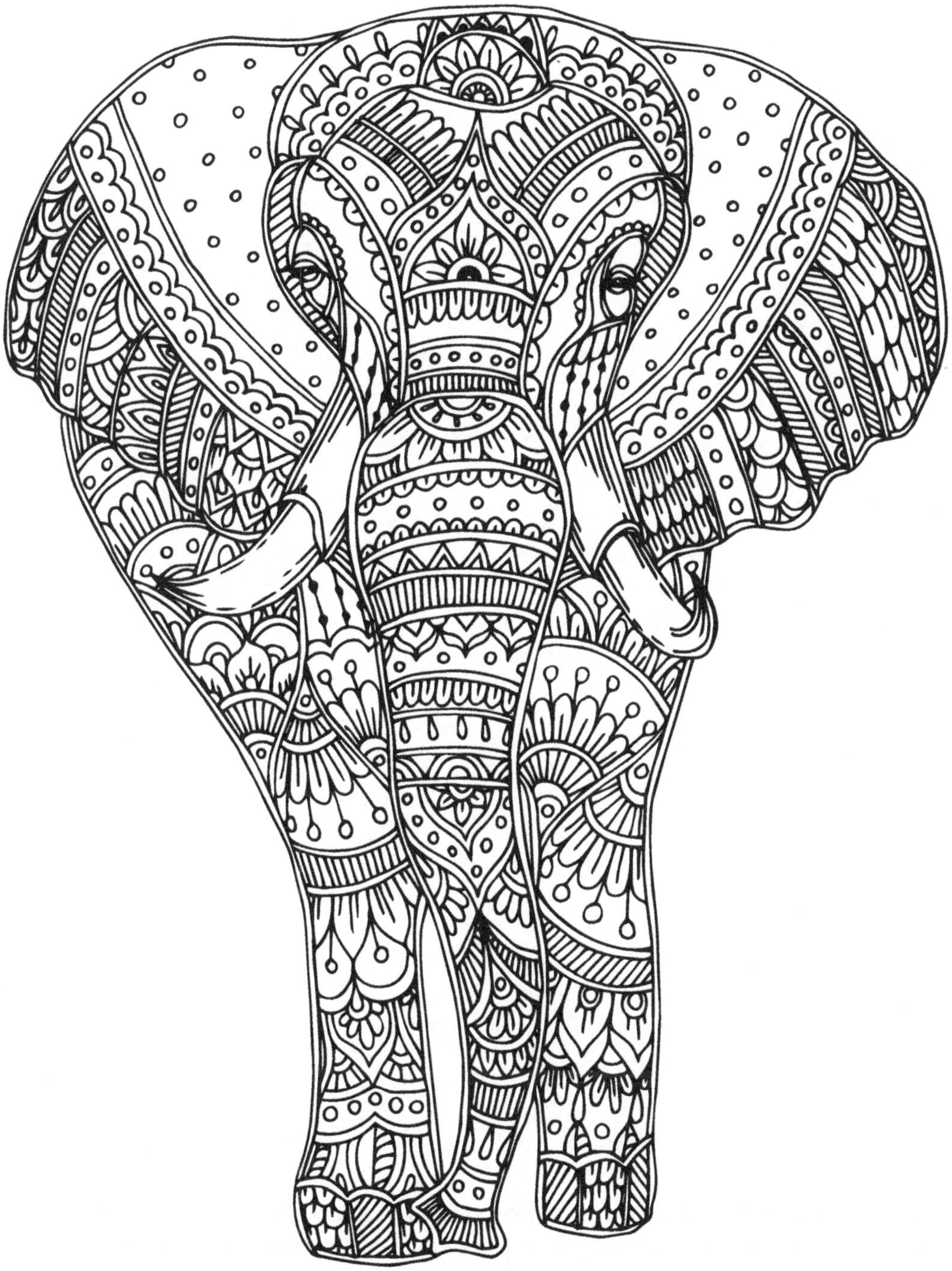

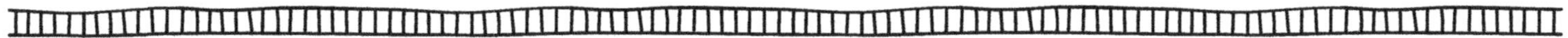

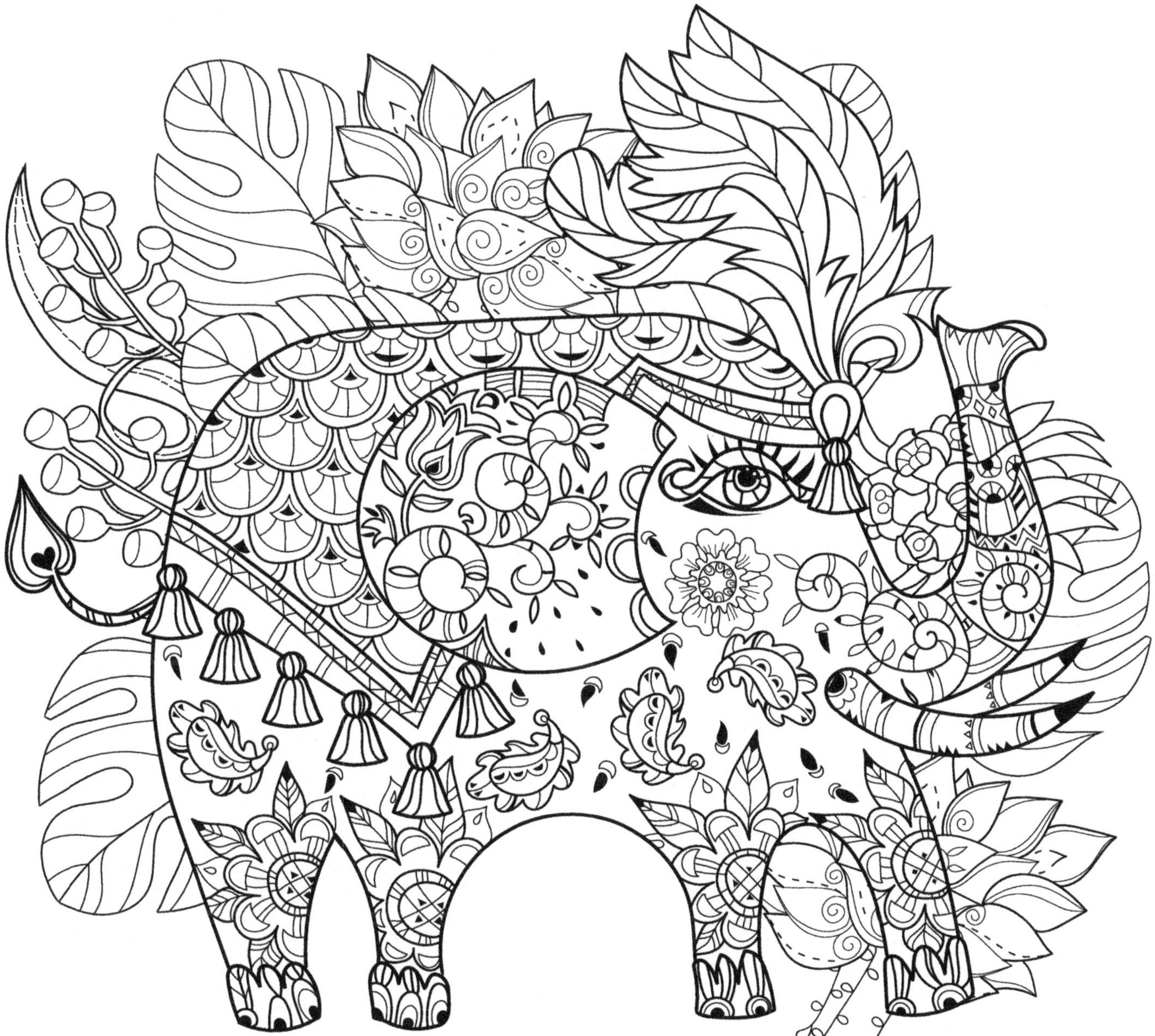

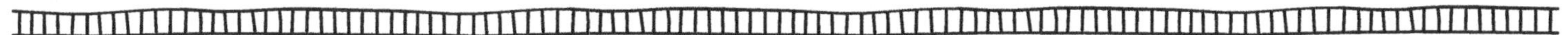

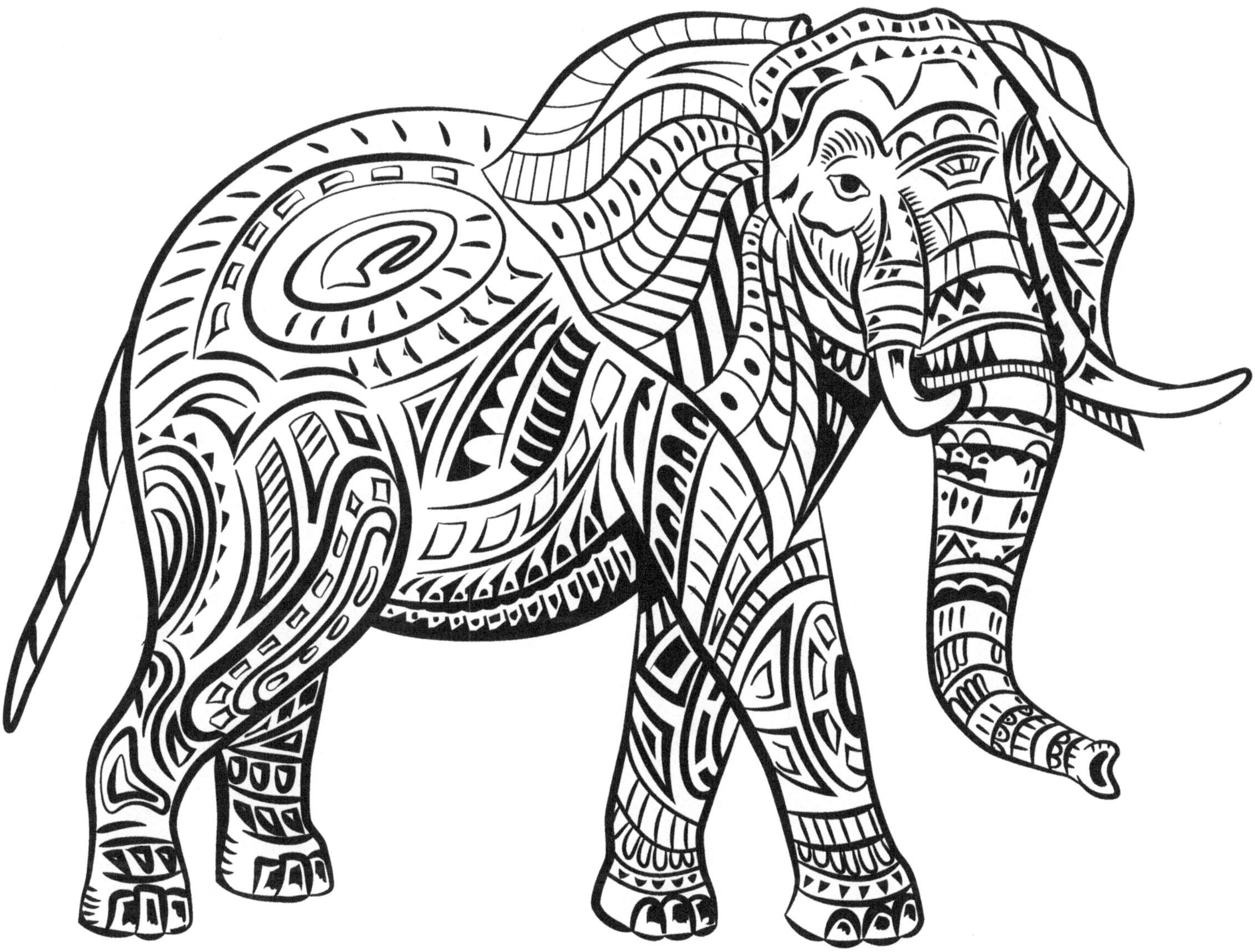

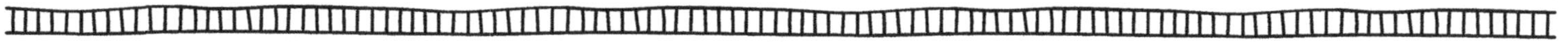

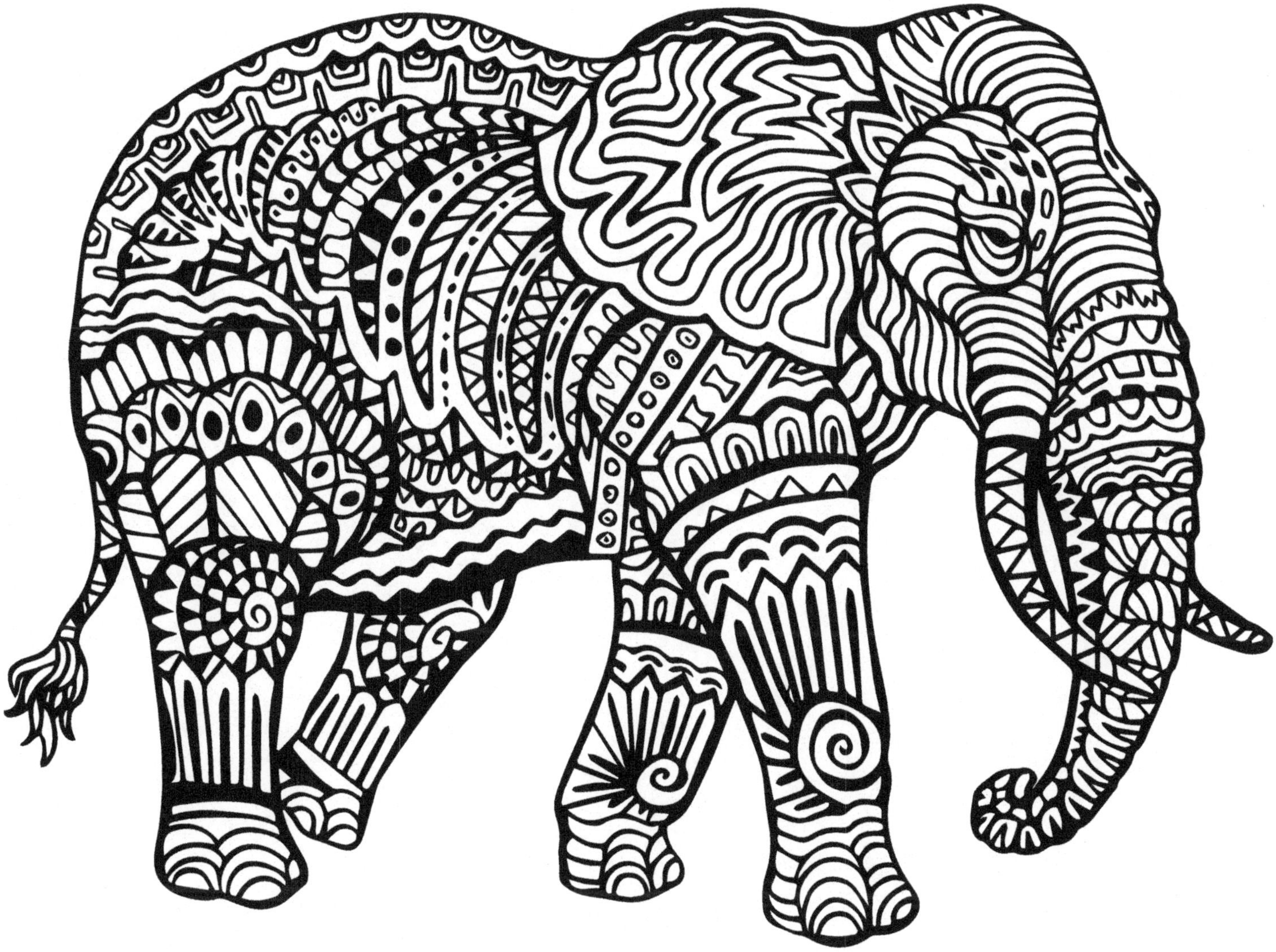

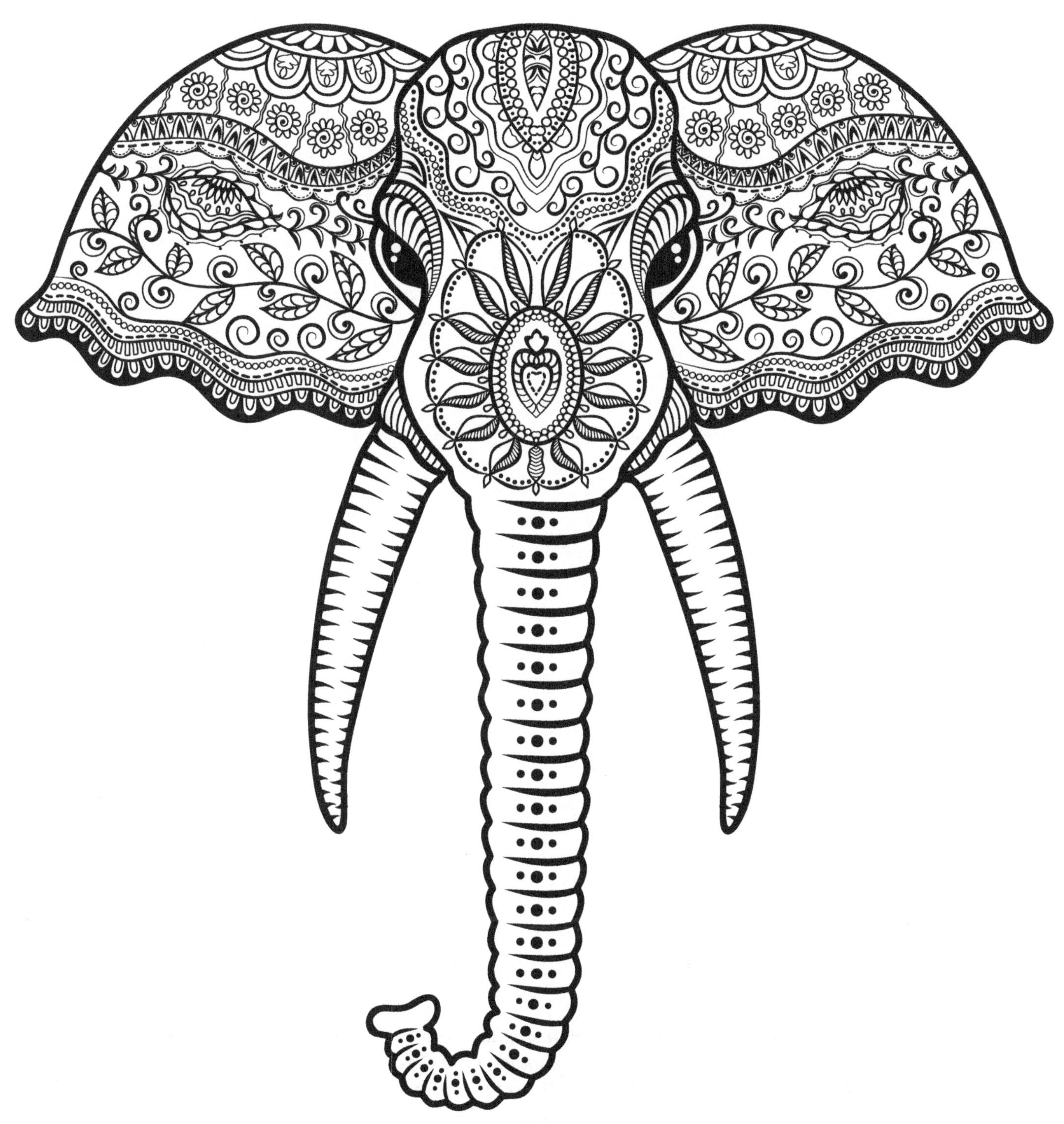

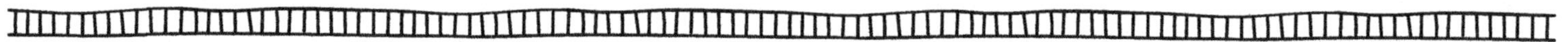

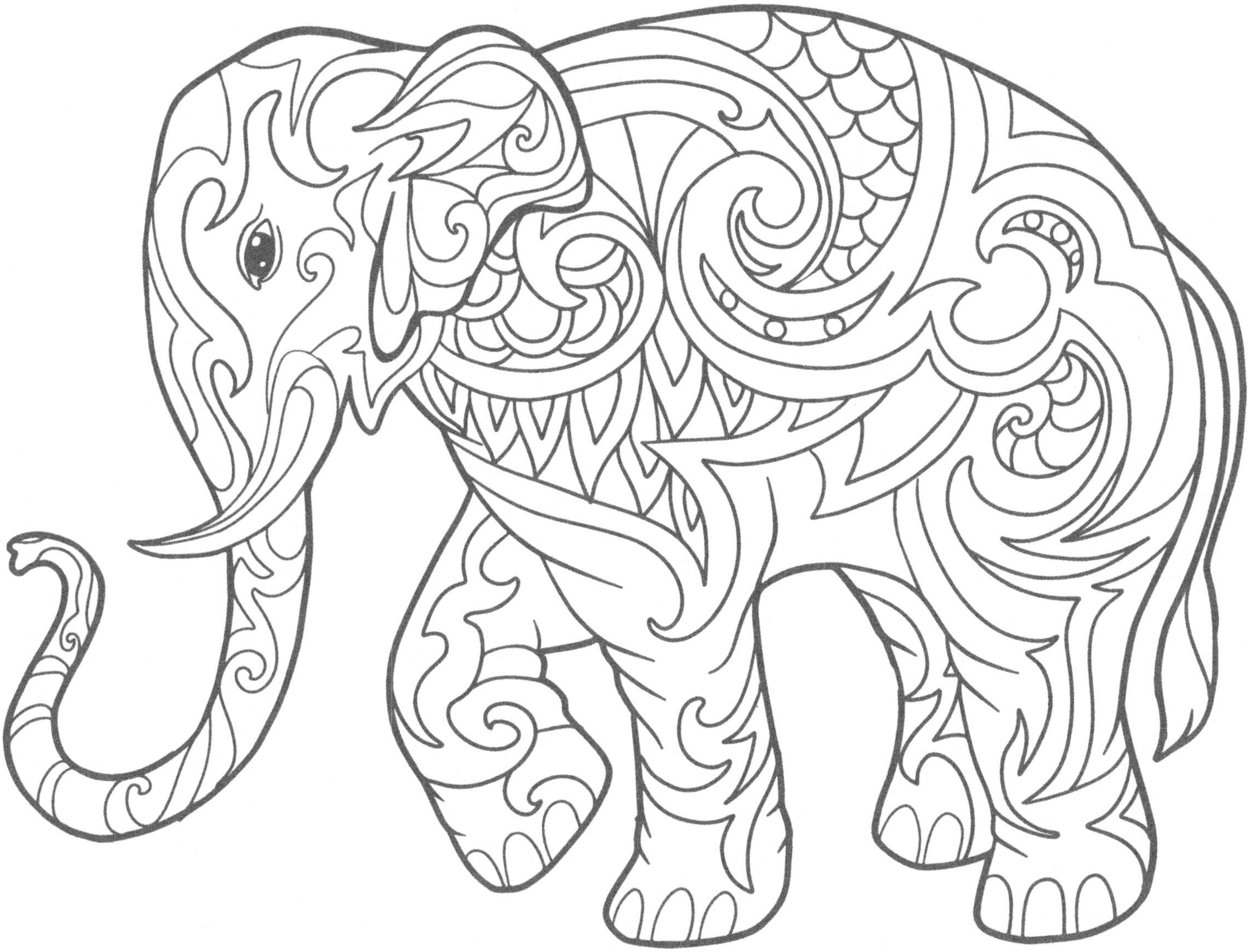

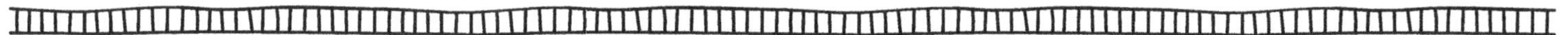

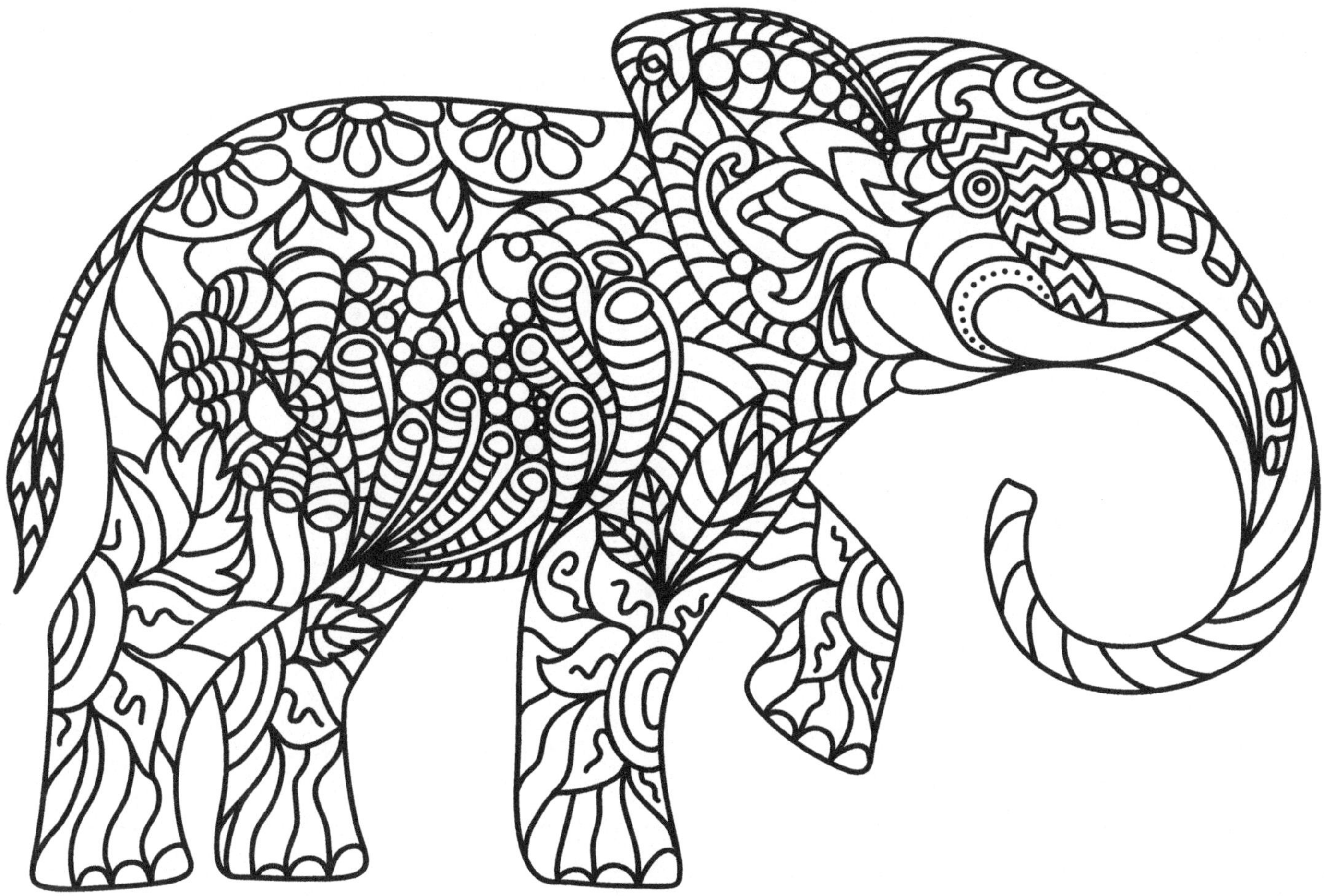

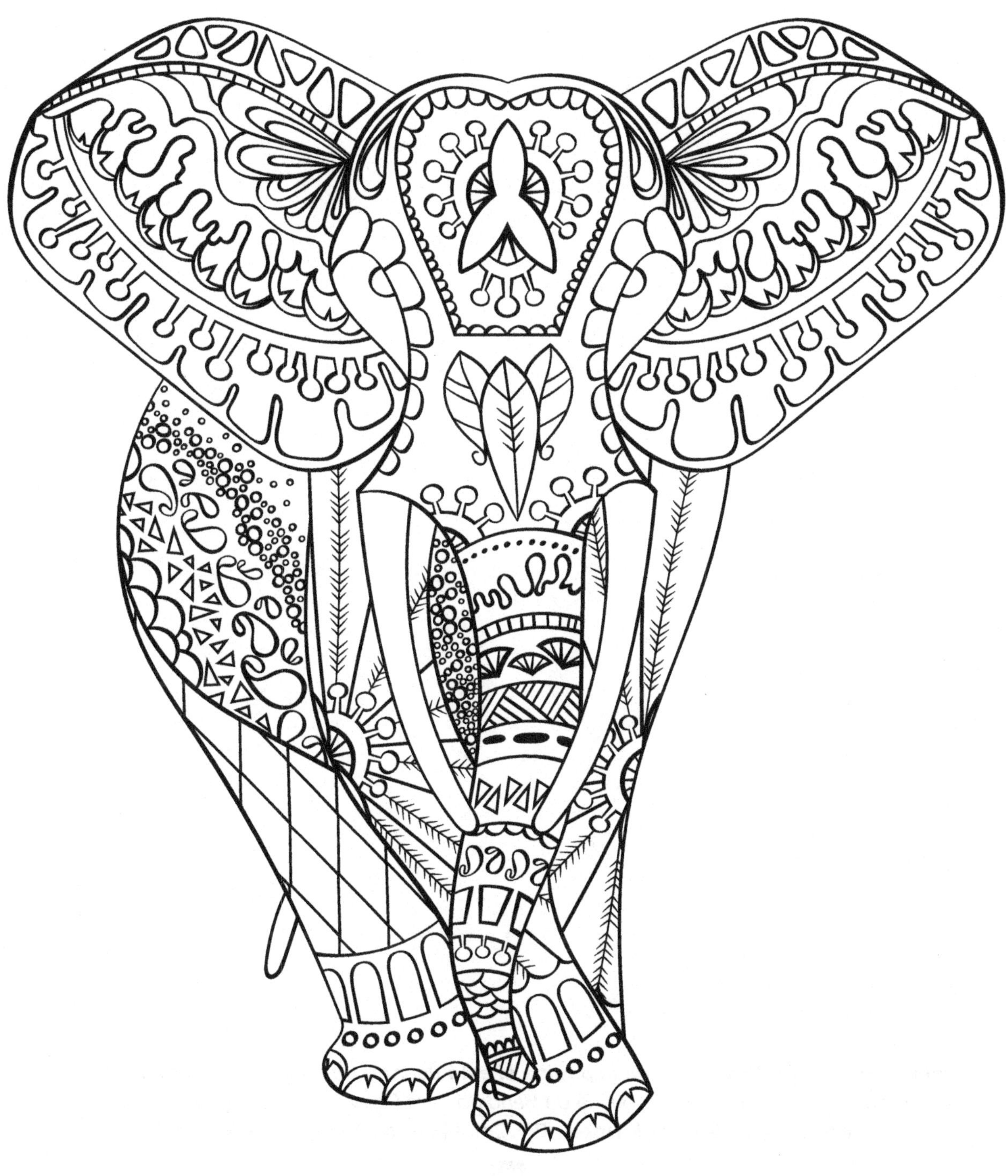

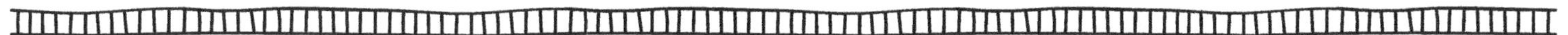

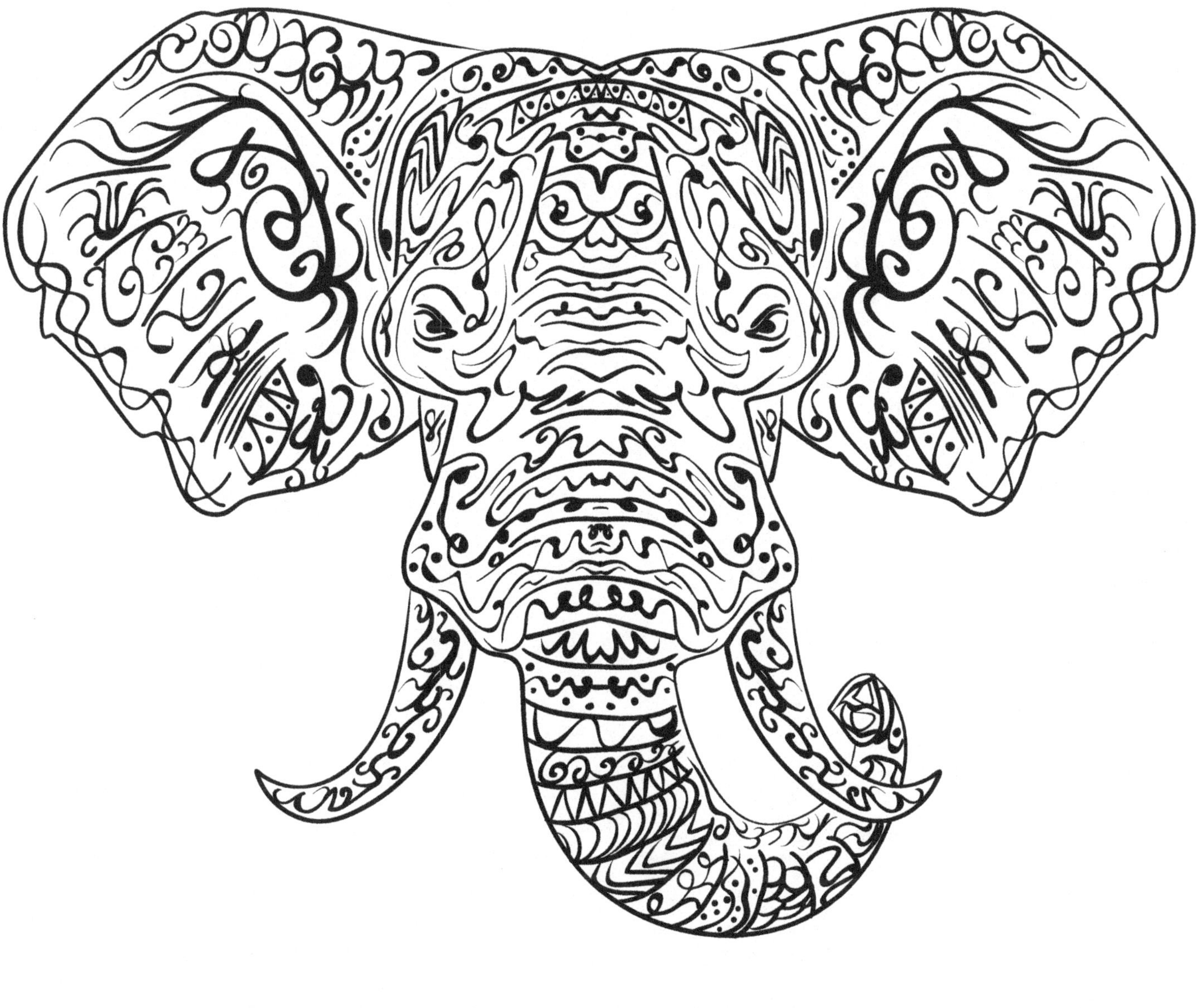

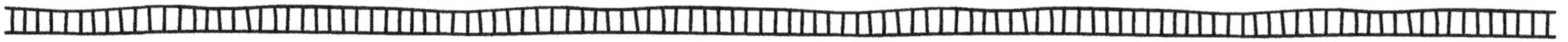

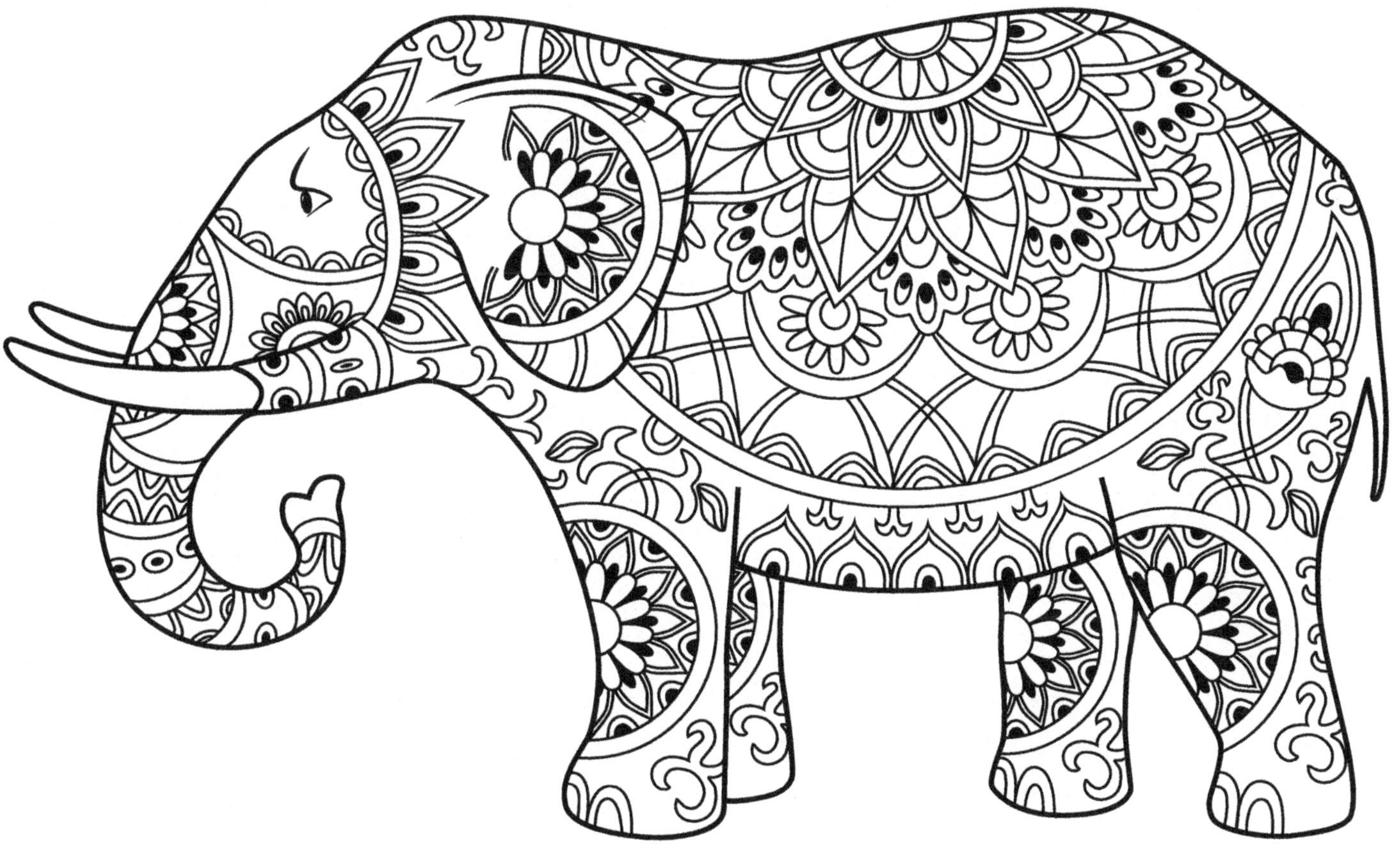

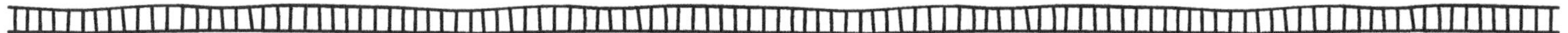

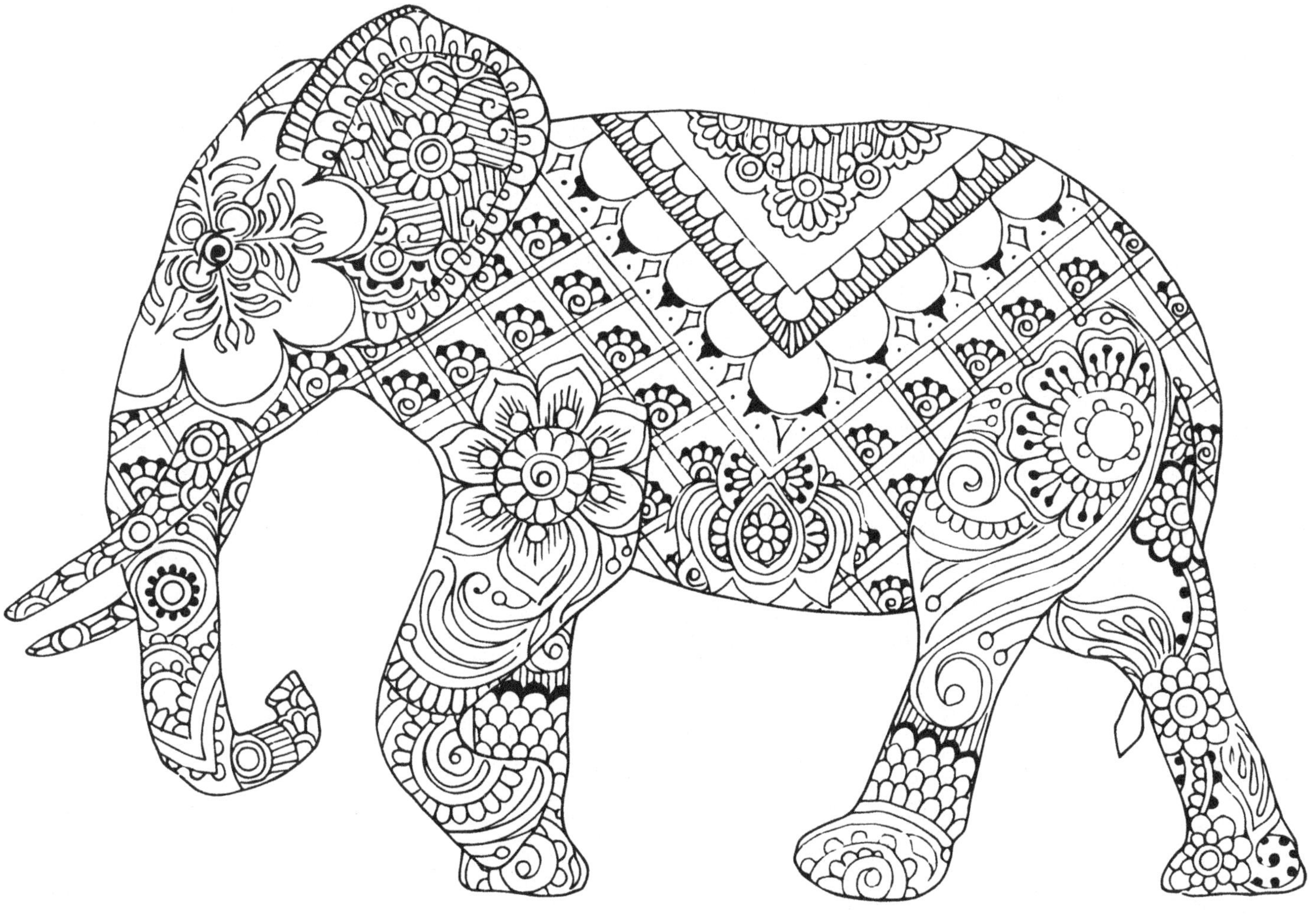

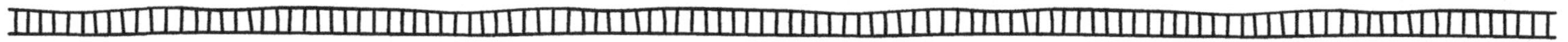

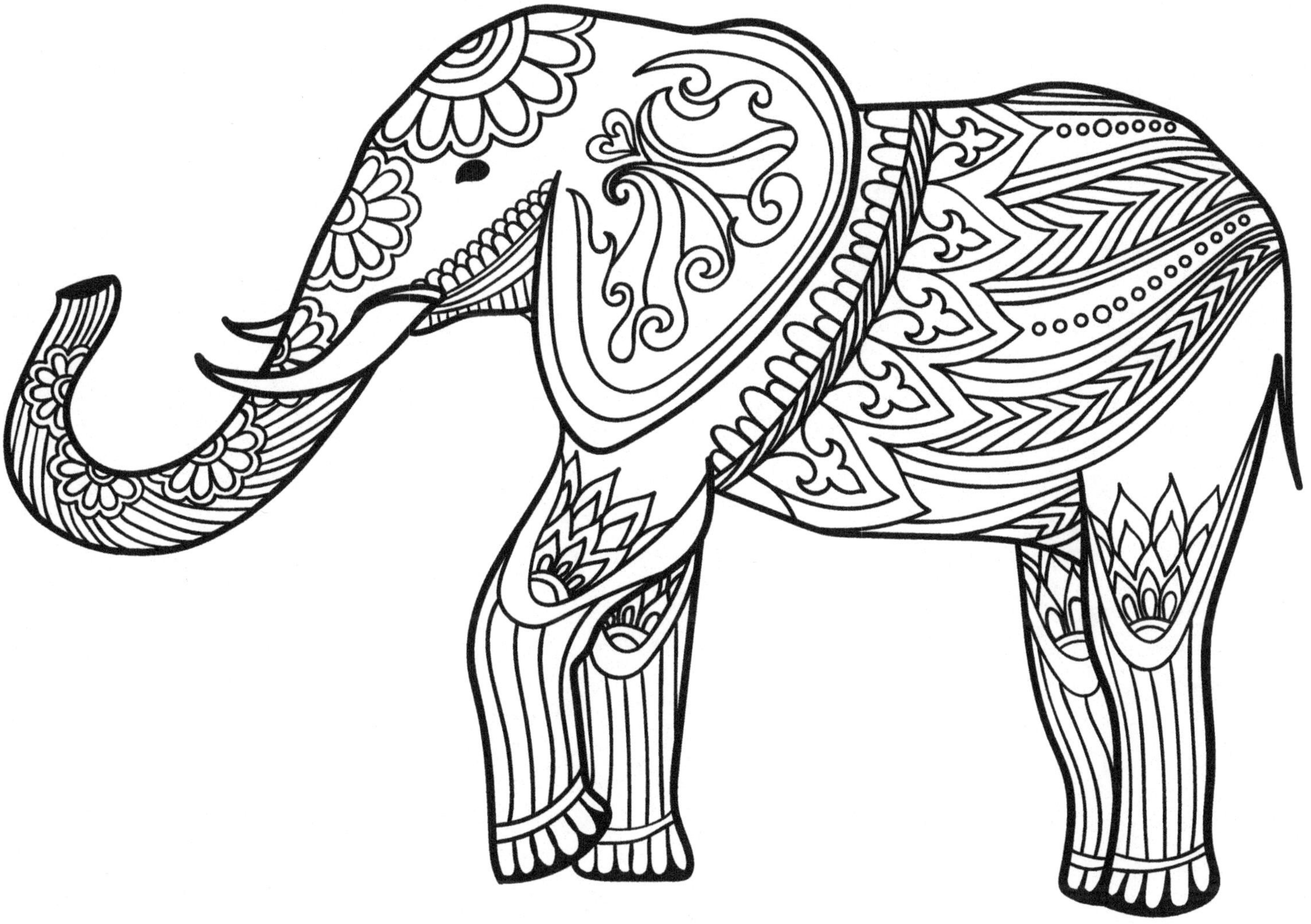

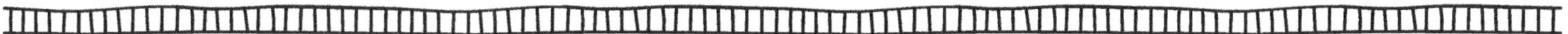

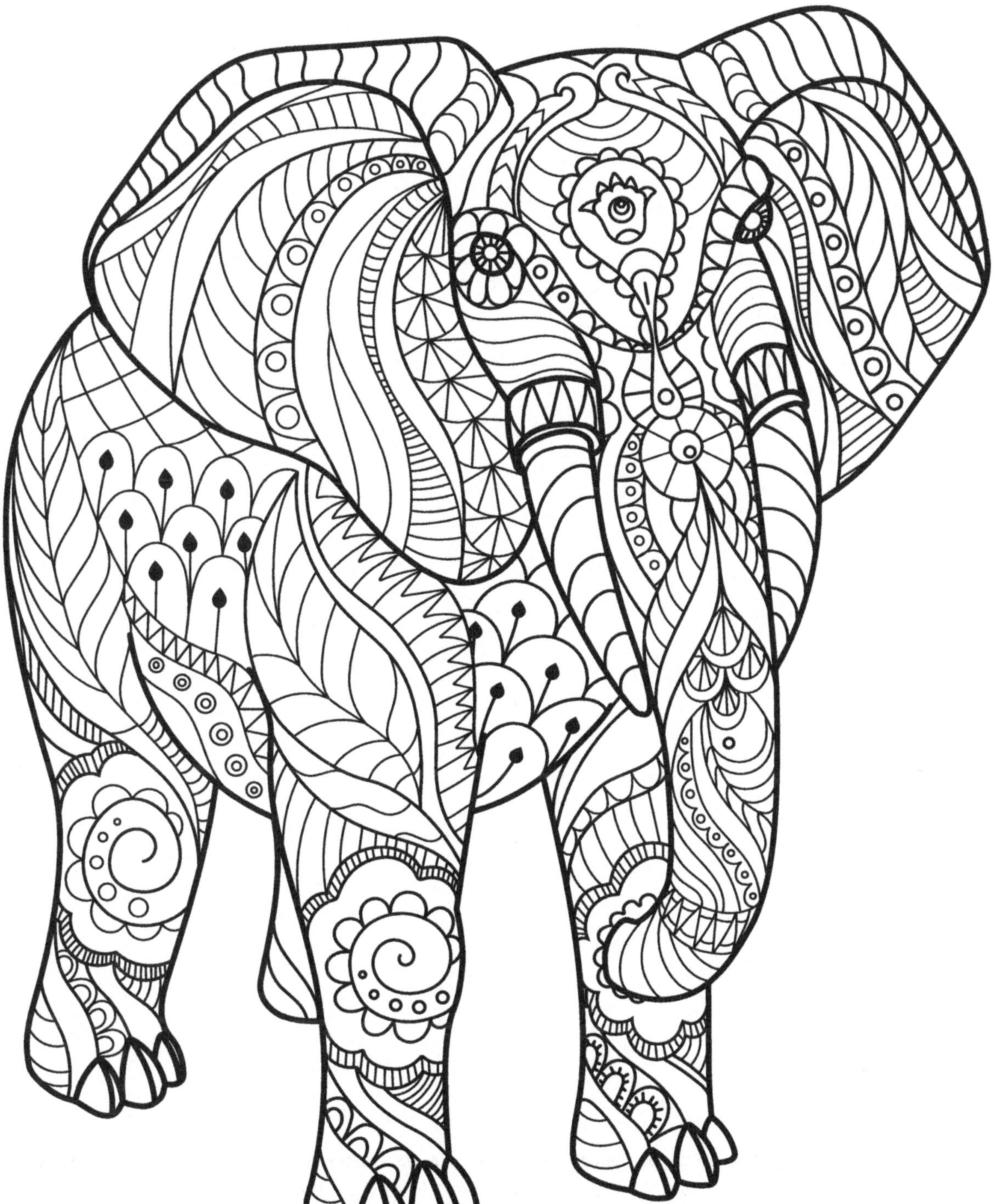

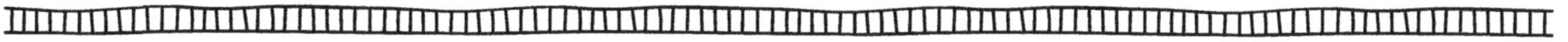

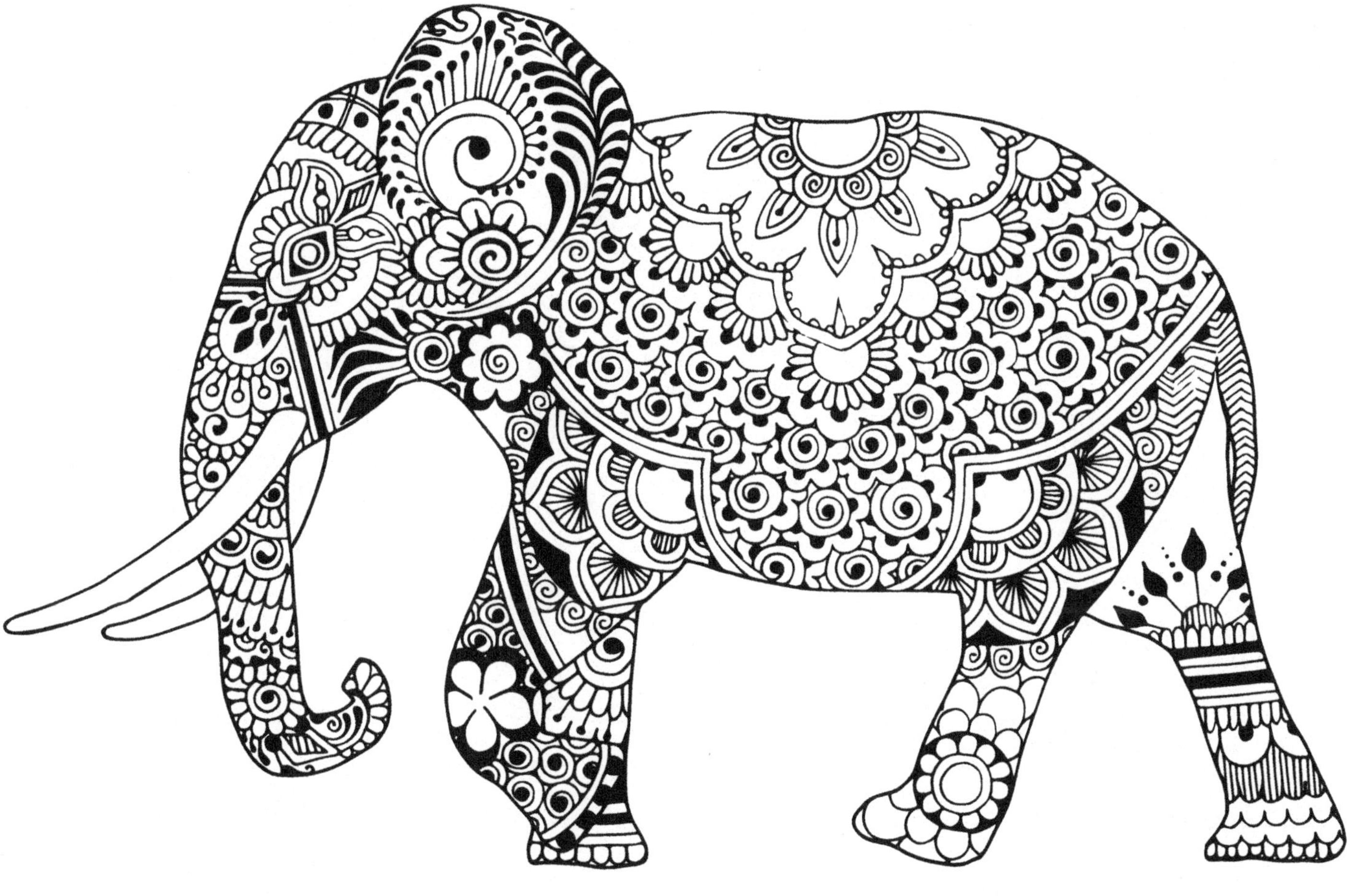

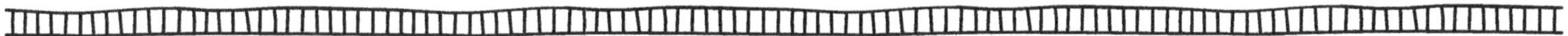

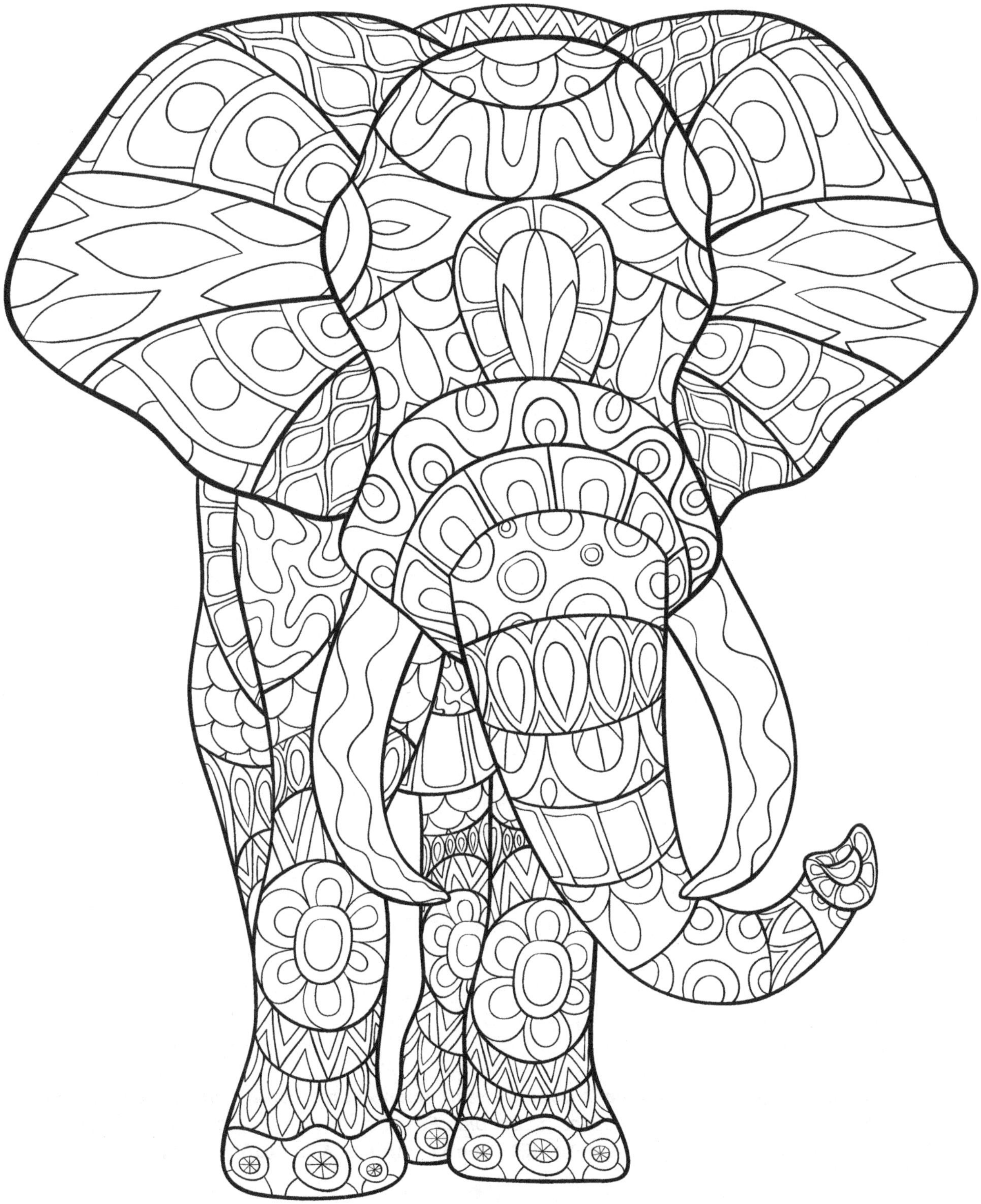

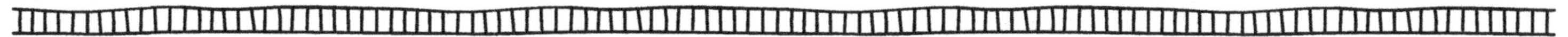

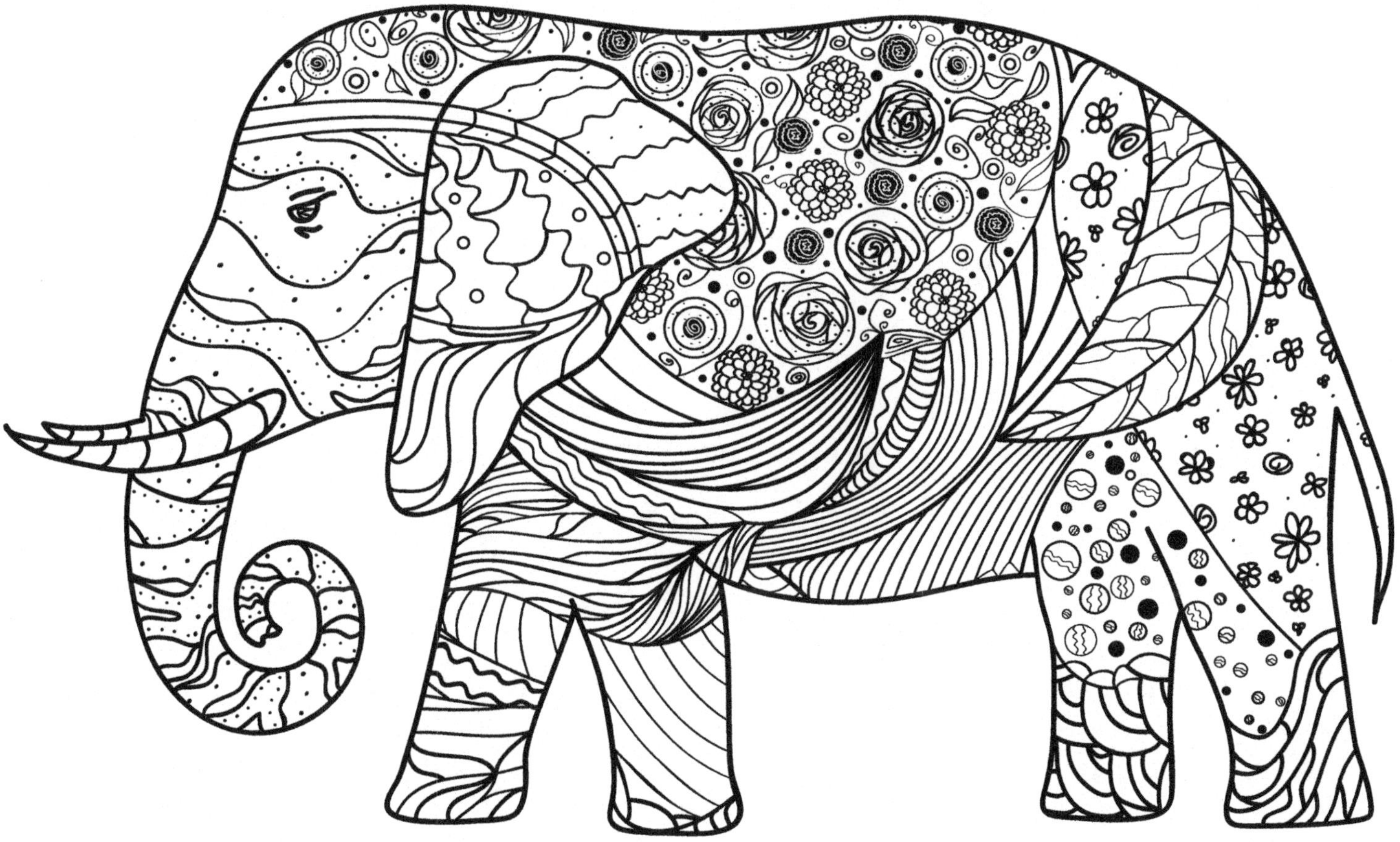

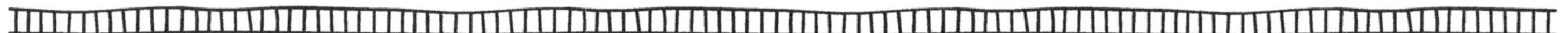

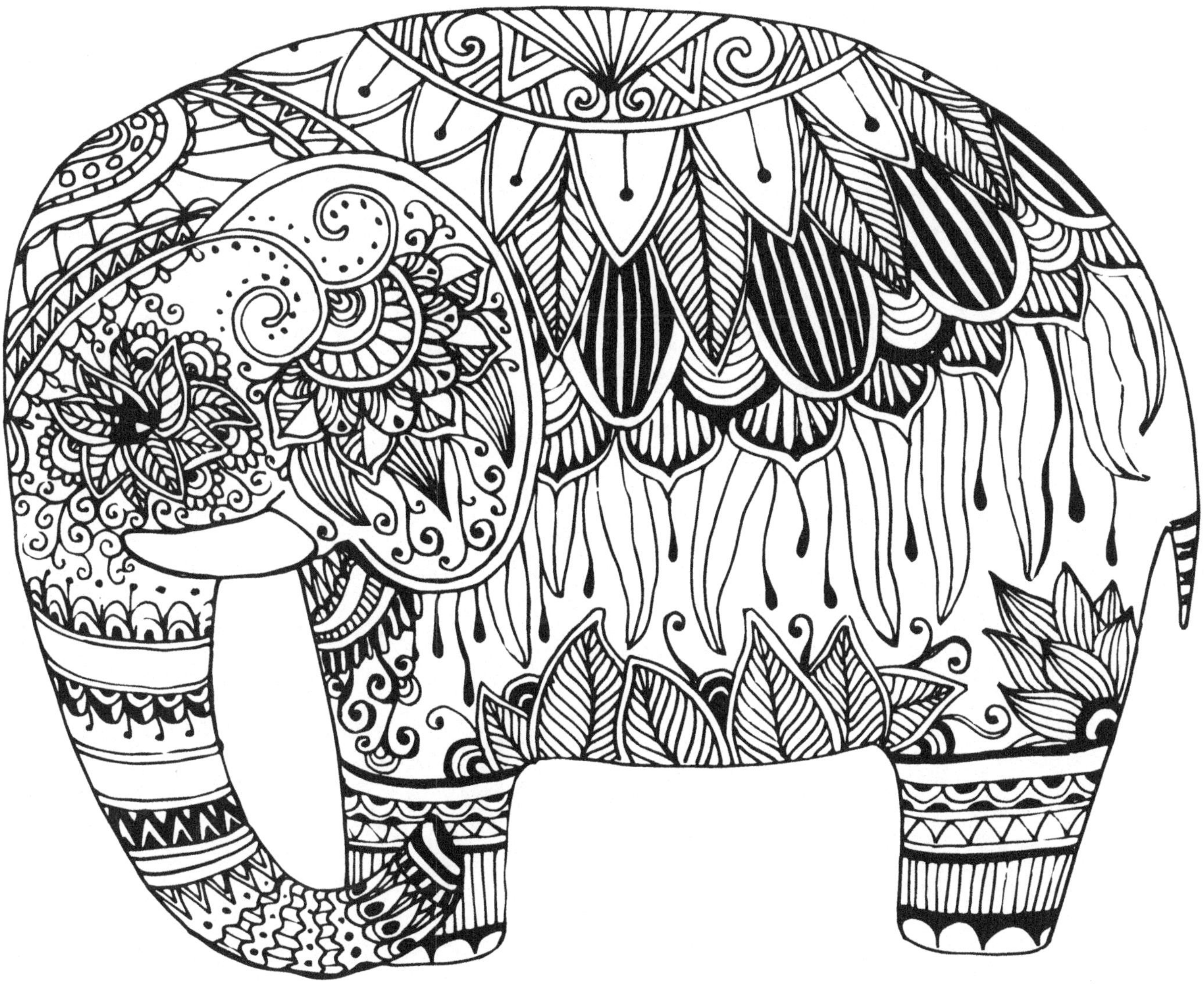

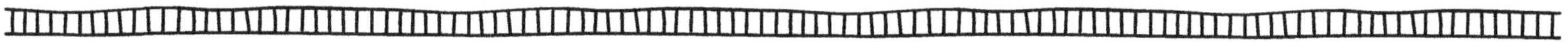

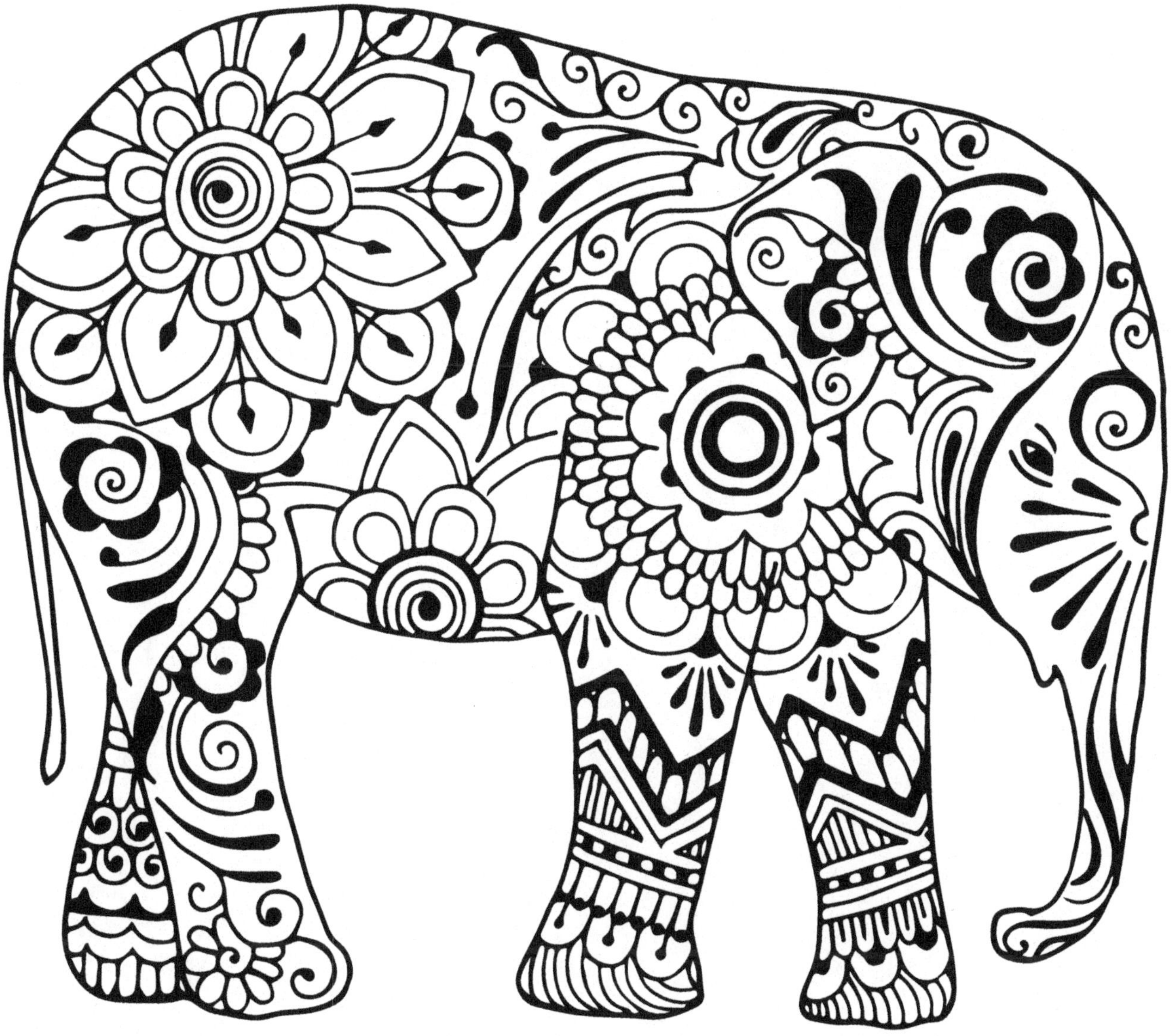

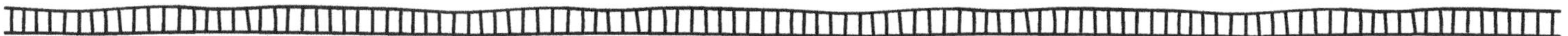

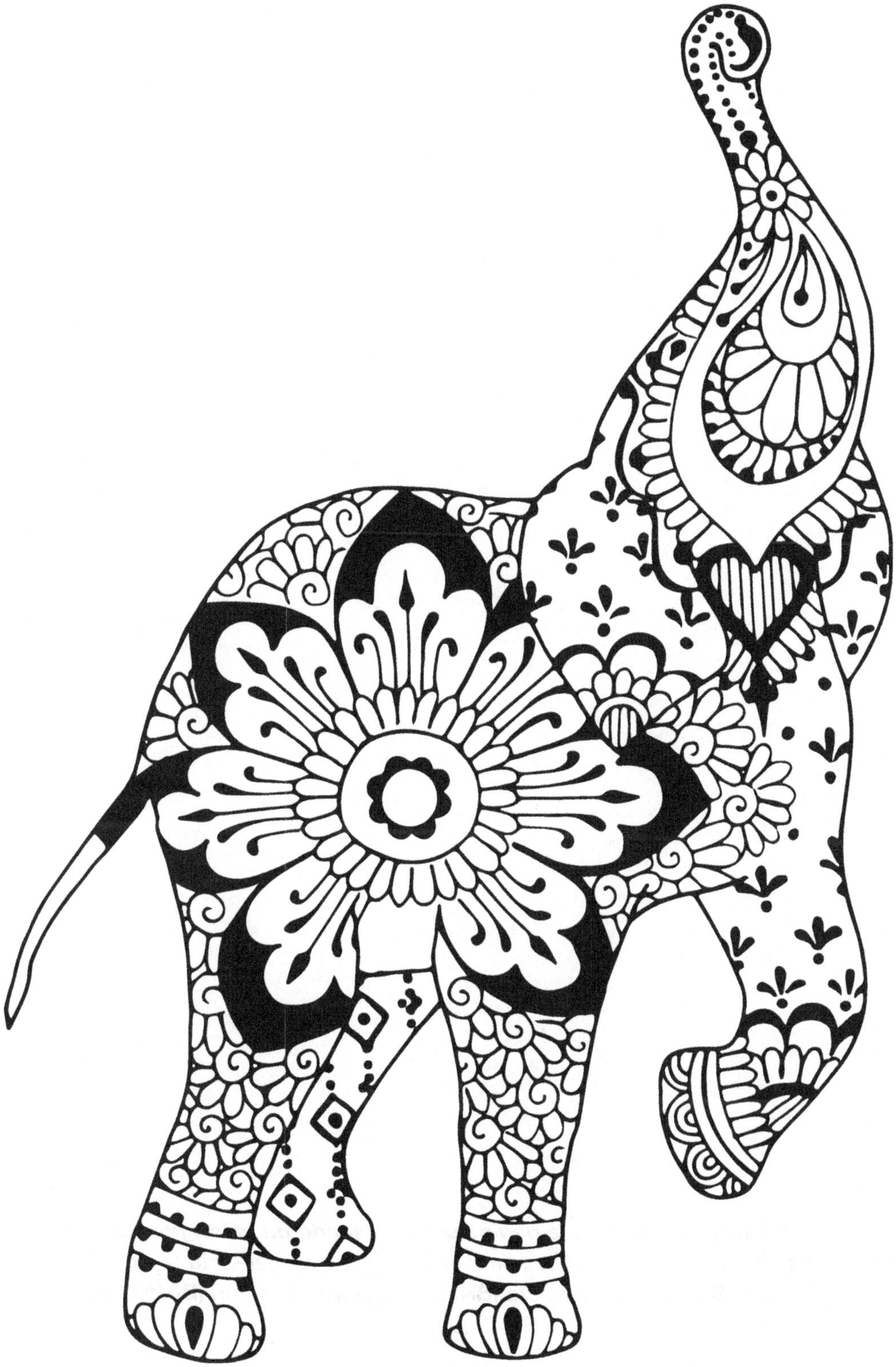

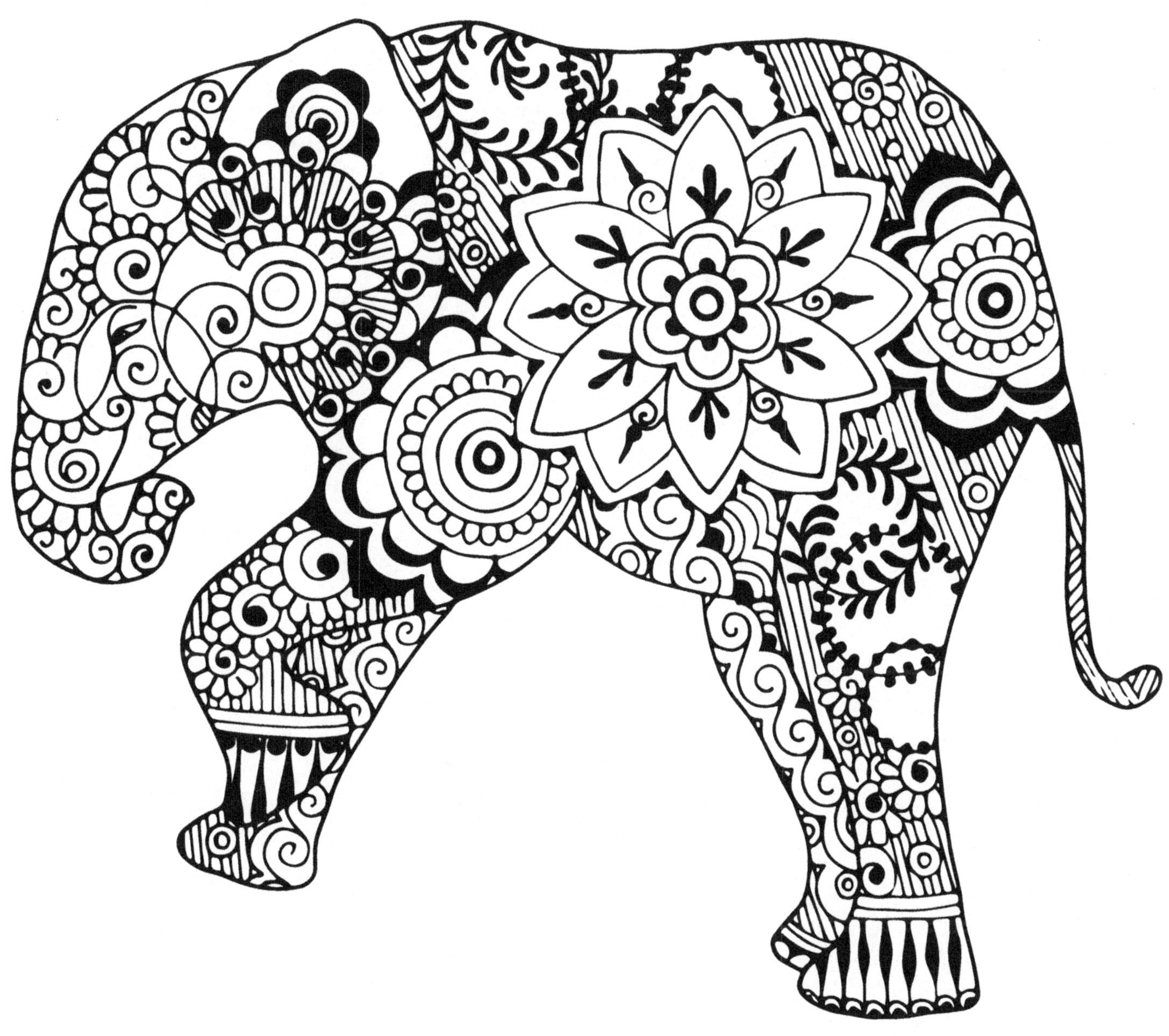

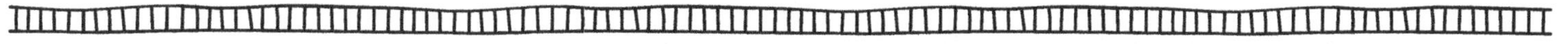

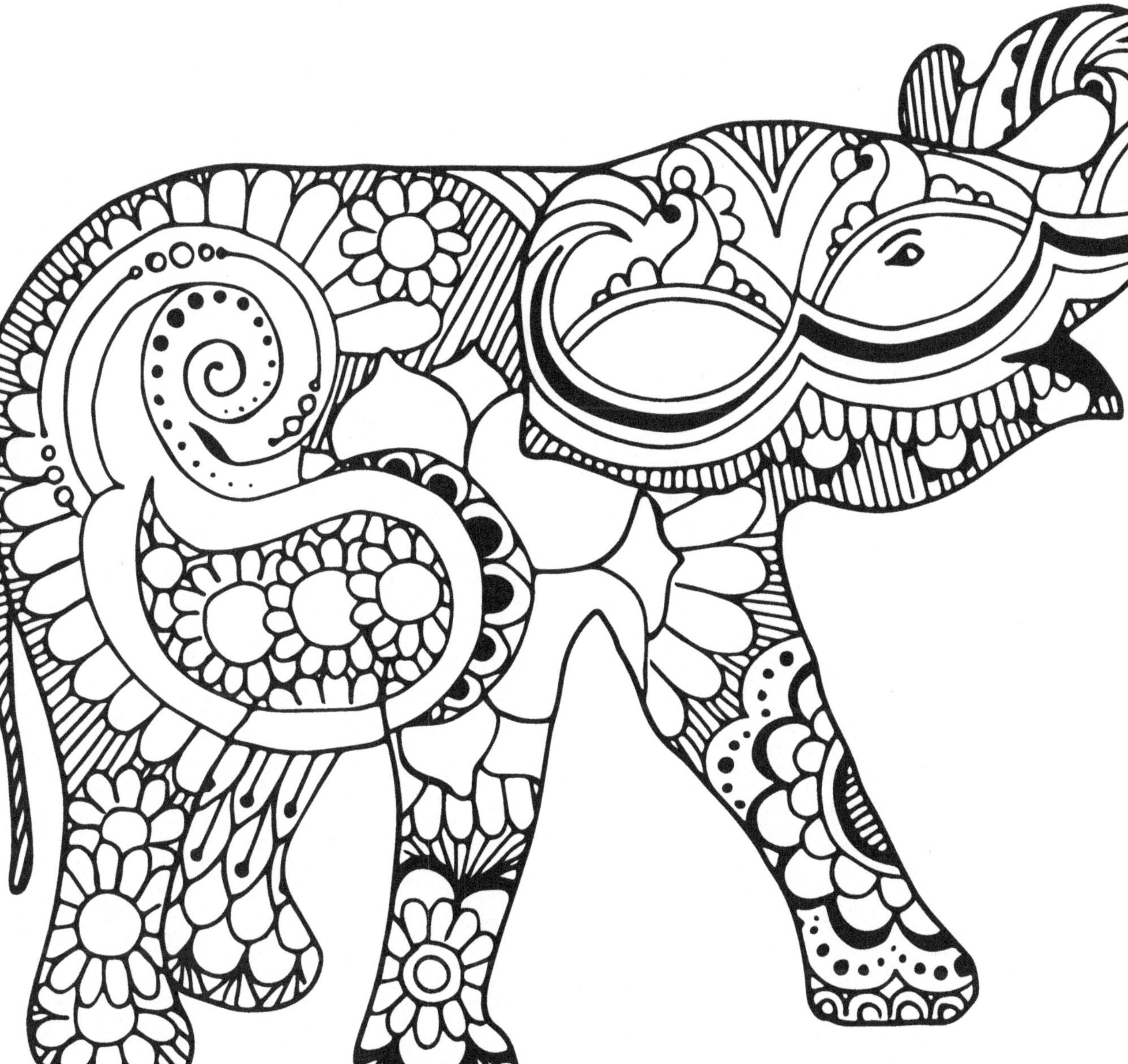

Made in the USA
Monee, IL
07 July 2026

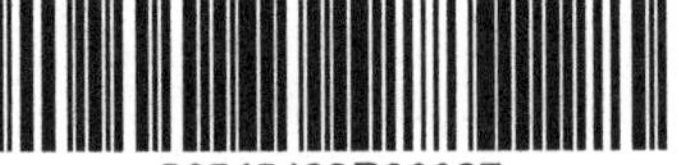

56545423R00037